매일 스스로 공부하는

맞춤법 어휘력

2단계
초등 1~2학년

꿈씨앗연구소 지음

BM (주)도서출판 성안당

머리말

독해력의 기본은 어휘력입니다

글을 읽고 뜻을 이해하는 능력을 '독해력'이라고 합니다. 독해력은 모든 학습에 있어 가장 중요한 능력입니다. 독해력을 키우기 위해서는 언어의 기본인 어휘력이 필요합니다. 이 책은 학년별로 알아야 할 필수 어휘들을 학습하고 활용할 수 있도록 구성되어 있어, 국어 실력뿐만 아니라 모든 학습 능력의 향상에 도움이 됩니다.

글쓰기의 기본은 올바른 맞춤법입니다

일기, 독후감과 같은 글쓰기뿐만 아니라 학교의 평가 방식이 주관식이나 서술형으로 바뀌면서 글쓰기가 더욱 중요해지고 있습니다. 내용이 아무리 좋아도 맞춤법과 띄어쓰기가 엉망이면 좋은 점수를 받기 어렵습니다. 좋은 글의 첫걸음은 올바른 맞춤법과 적절한 어휘 사용입니다.

스스로 하는 공부가 가장 효과적입니다

어떻게 하면 가장 효과적으로 공부할 수 있을까요? 그것은 바로 어린이들 스스로 재미있게 공부하는 것입니다. 이 교재는 교과서에서 뽑은 필수 어휘들과 자주 헷갈리는 맞춤법, 띄어쓰기, 국어 문법, 배경 지식 등을 쉽고 재미있게 학습하도록 구성되어 있습니다.

학년별로 교과 과정과 발달 수준에 맞게 각 단계가 구성되어 있지만, 아이의 수준에 맞는 단계부터 차근차근 선택하길 바랍니다.

책은 많이 읽는 것보다 제대로 읽어야 합니다

대다수 아이들이 초등학교 입학 전부터 책도 많이 읽고 한글 교육도 받습니다.
하지만 높은 교육열과 상관없이 글을 읽고 이해하는 데 어려움을 겪는 아이들이
점점 늘고 있습니다. 글을 읽을 수 있다고 해서 내용까지 완벽하게 이해하는 것은
아닙니다. 하루에 책 10권을 읽더라도 제대로 읽지 않으면 아무 소용이 없습니다.
제대로 읽는다는 것은 글을 글자로만 읽고 넘어가는 것이 아니라 머리로 이해하며
읽는 것을 의미합니다. 글을 제대로 이해하는 읽기 능력은 바로 어휘력에 따라 결
정됩니다. 어휘력은 단기간에 높일 수 있는 능력이 아니므로 매일 꾸준히 익히고
활용해야 합니다. 이 책을 통해 어린이들이 어휘를 재미있게 배우기를 기대합니다.

영선초등학교 교사 이현승

독해력이 학습 능력을 좌우합니다

초등학교 때까지 국어 성적이 좋았던 학생도 중학교에서 성적이 떨어지는 경우가
많습니다. 중학교 국어는 어휘의 수준도 높아지고, 내용도 어려워지므로 독해력이
부족한 학생의 경우 많이 힘들어합니다. 독해력은 학업 성취도의 기본이자 핵심입
니다. 읽어도 무슨 뜻인지 모른다면 공부하기 싫어지고 결국 학습 능력도 떨어집
니다. 어휘력은 글을 이해하는 가장 중요한 요인입니다. 어휘를 얼마나 많이 알고
있느냐에 따라 지식이 확장되고 독해력도 향상됩니다. 하지만 독해력과 어휘력은
단시간에 키울 수 없으므로 초등학교 6년 동안 차근차근 실력을 쌓아야 합니다.
이렇게 쌓인 국어 실력은 평생 영향을 미칩니다. 이 책이 어린이들의 국어 실력을
키우는 훌륭한 조력자가 되길 바랍니다.

갈산중학교 국어 교사 김혜정

어려운 낱말부터 배경 지식까지 일석이조

교과 과정에 나오는 기본 낱말부터 다양한 배경 지식까지 배울 수 있게 구성하였습니다.

맞춤법 바르게 고치기

문장 바르게 띄어쓰기

다양한 어휘 재미있게 공부하기

선 긋기, 초성 퀴즈, 낱말 찾아 문장 완성하기와 같은 재미있는 방법으로 다양한 어휘를 배우며,
실전 예문을 통해 표현력도 키울 수 있습니다.

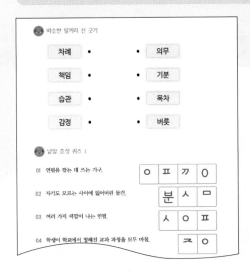

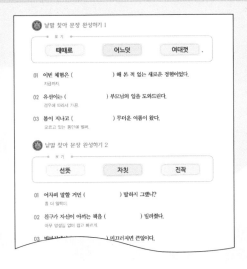

 ## 바른 글씨 쓰고 속담 익히기

스스로 글씨의 문제점을 찾아 누구나 알아볼 수 있도록 바르게 글씨 쓰는 방법을 알려 줍니다.
바른 글씨로 속담을 쓰면서 속담 내용도 익힐 수 있습니다.

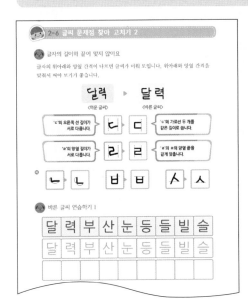

목 차

별책 | 정답 및 해설

매스콩으로 실력 키우는 방법

맞춤법 어휘력

이 책은 어린이 스스로 재미있게 공부하도록 구성되어 있습니다. 다음에 소개되는 방법을 참고하면 누구나 어휘 왕이 될 수 있습니다.

 틀린 답을 완전한 내 것으로 만들기

이 책은 정답을 맞히기 위한 교재가 아니라, 내가 무엇을 알고 모르는지를 확인할 수 있는 교재입니다. 틀린 답은 자신이 몰랐던 것을 알려 주는 고마운 존재이므로, 잘 모르거나 틀린 문제로 예문을 만들어 완전히 이해하고 넘어갑니다.

 나만의 어휘 사전 만들기

책이나 글을 읽다가 모르는 낱말이 나오면 사전에서 의미를 찾습니다. 낱말로 만든 예문도 읽고, 비슷한 말과 반대말까지 읽는다면 보다 풍부하게 어휘를 확장하여 배울 수 있습니다.

 배운 낱말과 표현은 꼭 사용해 보기

새로 알게 된 낱말이나 좋은 표현은 일기나 독서록 등과 같은 글을 쓸 때 꼭 써 봅니다. 아무리 어려운 어휘라도 몇 번 쓰다 보면 자연스럽게 쓸 수 있게 됩니다.

맞춤법 • 어휘력 국어 실력 1단원

 1-1 악기의 종류 알아보기

음악을 연주할 때 쓰는 도구를 '악기'라고 합니다. 연주하는 방법에 따라 '현악기, 관악기, 타악기'로 분류할 수 있습니다. 각 설명에 맞는 악기 종류를 〈보기〉에서 골라 쓰세요.

보 기

현악기	관악기	타악기

01 속이 비어 있는 막대 모양의 악기로, 긴 관을 입으로 불어서 관 속의 공기를 진동시켜 소리 내는 악기 종류입니다.

02 기타처럼 줄을 튕기거나 활로 긋는 등, 줄의 떨림을 이용하여 소리를 내는 악기 종류입니다.

03 북과 같이 손이나 채로 두드리거나, 손으로 흔들어 소리 내는 악기 종류입니다.

1-2 종류에 따라 악기 나누기

다음 〈보기〉에 있는 여러 가지 악기의 이름을 '현악기, 관악기, 타악기'로 분류한 목록에 알맞게 쓰세요.

보 기

바이올린	트럼펫	탬버린	플루트
트라이앵글	첼로	하프	큰북
색소폰	오보에	밴조	실로폰

현악기	관악기	타악기
01 _____	01 _____	01 _____
02 _____	02 _____	02 _____
03 _____	03 _____	03 _____
04 _____	04 _____	04 _____

1-3 어휘력 키우는 비슷한 말과 반대말

비슷한 말끼리 선 긋기

찻길 •	• 시선
눈초리 •	• 차도
실수 •	• 자부심
보람 •	• 실례

낱말 초성 퀴즈 1

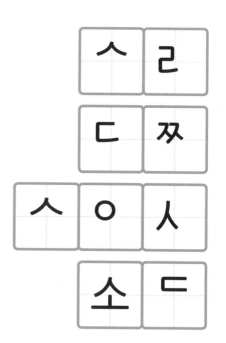

01 놀이에서 숨은 사람들을 찾아내야 하는 사람.

ㅅ ㄹ

02 서로 뜻이 맞거나 매우 친하여 늘 함께 어울리는 친구.

ㄷ ㅉ

03 동물에 생기는 질병을 진찰하고 치료하는 의사.

ㅅ ㅇ ㅅ

04 사람들이 놀라거나 흥분하여 시끄럽게 떠들고 어지럽게 행동하는 일.

ㅅㅗ ㄷ

반대말끼리 선 긋기

깊은 • • 여리다

억세다 • • 날쌔다

느리다 • • 얕은

홀쭉한 • • 불룩한

 낱말 초성 퀴즈 2

01 숨기고 있어 남이 모르는 일.

ㅂ	ㅁ

02 참깨로 짠, 고소한 맛이 나는 기름.

ㅊ	ㄱ	ㄹ

03 먼지나 쓰레기를 쓸어 내는 도구.

ㅂ	ㅈ	ㄹ

04 유물이나 예술품을 수집, 보관, 전시하는 시설.

ㅂ	ㅁ	관

1-4 표현력 키우는 다양한 낱말 익히기

낱말 찾아 문장 완성하기 1

보 기

| 고슬고슬 | 질겅질겅 | 몽실몽실 |

01 음료수에 꽂힌 빨대를 (　　　　　) 깨물었다.
질긴 물건을 거칠게 자꾸 씹는 모양.

02 가을 하늘에 구름이 (　　　　　) 떠 있다.
구름이나 연기 등이 동글하게 뭉쳐서 가볍게 떠 있는 모양.

03 물의 양을 잘 맞춰 밥이 (　　　　　) 아주 잘 되었다.
밥 등이 물기가 너무 많거나 적지 않게 딱 알맞은 모양.

낱말 찾아 문장 완성하기 2

보 기

| 모락모락 | 오물오물 | 끔벅끔벅 |

01 아기가 작은 입으로 음식을 (　　　　　) 씹고 있다.
음식물을 입 안에 넣고 입을 다문 채 조금씩 자꾸 씹는 모양.

02 졸린 동생의 눈이 (　　　　　) 감긴다.
큰 눈이 자꾸 감겼다 뜨였다 하는 모양.

03 물이 끓자 주전자에서 김이 (　　　　　) 난다.
김, 연기, 냄새 등이 조금씩 자꾸 피어오르는 모양.

낱말 찾아 문장 완성하기 3

보 기

원망스러운   조마조마한   평화로운

01 시험에 떨어질까 봐 (   ) 마음으로 기다렸다.

　닥쳐올 일이 염려스러워 마음이 초조하고 불안하다.

02 (   ) 시골 풍경을 잘 표현한 그림이다.

　걱정이나 문제없이 조용하고 화목한 듯하다.

03 로봇을 망가뜨린 형을 (   ) 눈으로 쳐다보았다.

　마음에 들지 않아서 탓하거나 미워하는 마음이 있다.

 낱말 찾아 문장 완성하기 4

보 기

못마땅한   뿌듯한   서럽게

01 마침내 작품을 완성하니 (   ) 마음이 들었다.

　기쁨이나 감격이 마음에 가득하다.

02 동생은 게임에서 지자 (   ) 표정을 지었다.

　마음에 들지 않아 좋지 않다. 별로 마음에 들지 않아 꺼림칙하다.

03 아버지를 만나자마자 소리 내며 (   ) 울었다.

　억울하고 슬프다.

1-5 문장 바르게 띄어쓰기

다음 내용을 바르게 띄어 쓰세요. 혼자 쓰여도 말이 되는 낱말은 모두 띄어 쓰고, '은, 는, 이, 가'와 같은 조사처럼 다른 낱말이 필요하면 붙여 쓰는 것이 띄어쓰기의 기본 원칙입니다. 만약 줄 끝에 띄어 쓸 칸이 없다면 다음 줄 첫 칸에 씁니다.

01 어느날누나친구가놀러왔다.

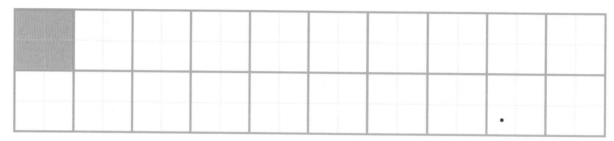

02 어깨에메고있는것이무엇이니?

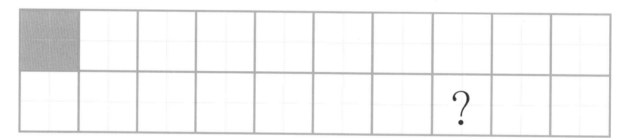

03 황새가날아드는것을보았다.

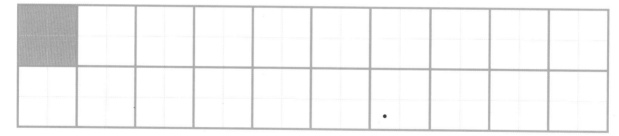

04 동생은어릴때정말귀여웠어요.

1-6 헷갈리는 맞춤법 바로잡기

다음 두 개의 낱말 중에서 맞는 것을 골라 ○표 하세요.

01 친구들은 나를 〔 겁쟁이 / 겁장이 〕라고 놀렸다.

02 장마 때문에 벽지에 〔 곰팽이 / 곰팡이 〕가 피었다.

03 세상에 절대로 〔 공짜 / 꽁짜 〕는 없다.

04 소리만 듣고 〔 괜시리 / 괜스레 〕 겁을 먹고 도망쳤다.

05 의자에 있던 껌이 바지 〔 궁뎅이 / 궁둥이 〕에 붙었다.

06 막냇동생은 아직도 〔 기저기 / 기저귀 〕를 찬다.

1-7 글씨 문제점 찾아 고치기 1

바른 글씨의 첫걸음은 자신의 글씨를 보고 문제점을 찾아 고치는 것입니다. 대표적인 문제점을 짚어 보고, 고치는 방법을 알아보겠습니다. 한 글자씩 천천히 반듯하게 쓰려고 노력한다면 누구나 예쁜 글씨를 쓸 수 있습니다.

🦁 선이 반듯하지 않아요

글씨가 미워 보이는 가장 큰 이유는 바로 선이 반듯하지 않기 때문입니다. 글자에 들어가는 가로선과 세로선을 그을 때마다 최대한 반듯하게 쓰세요.

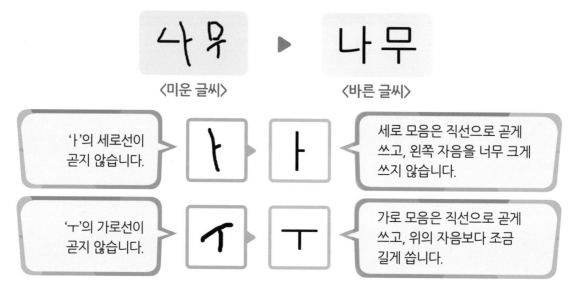

🦁 바른 글씨 연습하기 1

가	구	나	누	마	무	사	수	하
가	구	나	누	마	무	사	수	하

간격이 일정하지 않아요

아래 '바람'의 경우, 글자의 위아래와 양옆 간격이 서로 달라서 보기 좋지 않습니다.
특히 'ㄹ, ㅂ, ㅌ, ㅍ'을 쓸 때는 위아래와 양옆의 간격을 같게 쓰도록 노력합니다.

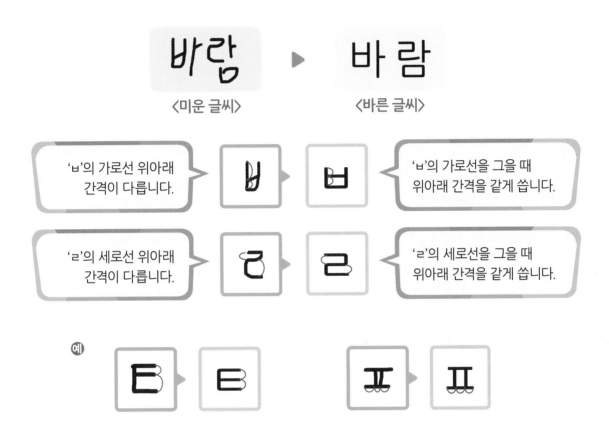

 바른 글씨 연습하기 2

2-1 직업 관련 낱말 익히기

직업은 시대의 변화에 따라 새로 만들어지기도 하고 사라지기도 합니다. 무엇보다 내가 좋아하고 잘할 수 있는 일을 찾아 꾸준히 실력을 쌓는 것이 중요합니다. 다음의 설명을 읽고 어떤 직업인지 쓰세요.

01

항공기를 일정한 방향과 속도로 움직이도록 다루는 기능과 자격을 갖춘 사람으로, 파일럿이라고도 합니다.

02

비행기, 기차, 배 등이 정상적으로 운행되도록 내부에서 일하는 직업입니다. 주로 승객의 요구와 안전에 관련된 업무를 맡아서 합니다.

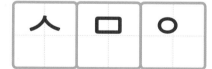

03

합창이나 합주 등에서 많은 사람의 노래나 연주가 서로 어울리도록 앞에서 이끄는 일을 합니다.

ㅈ	ㅎ	ㅈ

04

동물에게 먹이와 물을 주고, 건강도 보살펴 주는 일을 합니다. 또한 새끼를 번식시키고, 동물들을 훈련하거나 운동시키는 일도 합니다.

ㅅ	ㅇ	ㅅ

05

전문적인 지식과 창의력으로 건물을 설계하고, 설계에 따라 건물이 완성되는 과정을 감독하는 일을 합니다.

ㄱ	ㅊ	ㄱ

06

전문 면허증을 가지고 과학적인 연구를 통해 식생활에 필요한 영양을 연구하여, 올바른 영양을 섭취하도록 지도하는 일을 합니다.

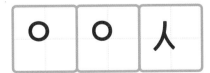

ㅇ	ㅇ	ㅅ

2-2 어휘력 키우는 비슷한 말과 반대말

 비슷한 말끼리 선 긋기

차례	•	•	의무
책임	•	•	기분
습관	•	•	목차
감정	•	•	버릇

 낱말 초성 퀴즈 1

01 연필을 깎는 데 쓰는 기구.

02 자기도 모르는 사이에 잃어버린 물건.

03 여러 가지 색깔이 나는 연필.

04 학생이 학교에서 정해진 교과 과정을 모두 마침.

반대말끼리 선 긋기

배고픈 •   • 날렵한

둔한 •   • 배부른

부지런한 •   • 건방진

공손한 •   • 게으른

 낱말 초성 퀴즈 2

01 발로 밟거나 눌러서 기계나 악기 등을 작동하는 부품.

페 ㄷ

02 건물의 출입문이 있는 문간.

ㅎ 관

03 미끄럼틀이나 그네 등의 기구를 두어 아이들이 놀 수 있게 만든 곳.

ㄴ ㅇ ㅌ

04 사람이 올라타고 두 발로 발판을 밟아 바퀴를 굴려서 나아가는 탈것.

ㅈ ㅈ ㄱ

2-3 표현력 키우는 다양한 낱말 익히기

낱말 찾아 문장 완성하기 1

보 기

부랴부랴 야금야금 우적우적

01 맛만 보려던 빵을 (　　　　　) 다 먹어 버렸다.

무엇을 입 안에 넣고 계속 조금씩 먹는 모양.

02 배가 너무 고파 생고구마를 (　　　　　) 씹어 먹었다.

단단하고 질긴 물체를 마구 깨물어 씹을 때 나는 소리.

03 약속 시간에 늦어 (　　　　　) 집을 나섰다.

매우 급하게 서두르는 모양.

낱말 찾아 문장 완성하기 2

보 기

쩌렁쩌렁 날름날름 와삭와삭

01 그릇에 묻은 양념까지 (　　　　　) 핥아 먹었다.

혀를 날쌔게 자꾸 내밀었다 들였다 하는 모양.

02 사탕을 (　　　　　) 깨물어 먹었다.

과일이나 과자 등을 자꾸 베어 무는 소리.

03 선수들의 기합 소리가 경기장에 (　　　　　) 울렸다.

목소리가 자꾸 크고 높게 울리는 소리.

낱말 찾아 문장 완성하기 3

○ 보 기 ○

존경하는   위로하며   칭찬하는

01 홍수 피해를 본 농민들은 서로 (   ) 도왔다.
따뜻한 말이나 행동 등으로 슬픔을 달래 주다.

02 성민이의 선행을 (   ) 사람이 많다.
좋은 점이나 착하고 훌륭한 일을 높이 평가하다.

03 가장 (   ) 사람은 이순신 장군이다.
어떤 사람의 훌륭한 인격이나 행동을 공경하고 따르다.

 낱말 찾아 문장 완성하기 4

○ 보 기 ○

실망했다   시기했다   충고했다

01 몇몇 아이들은 재주 많은 그 친구를 (   ).
남이 잘되는 것을 싫어하여 미워하다.

02 친구에게 잘못된 점을 조심스럽게 (   ).
남의 단점이나 잘못을 진심으로 타이르다.

03 동생은 운동회가 취소되어 무척 (   ).
기대하던 대로 되지 않아 마음이 속상하다.

2-4 문장 바르게 띄어쓰기

다음 내용을 바르게 띄어 쓰세요. 일반 글 속에 대화글이 들어가는 경우 이어 쓰지 않고 다음 줄에 씁니다. 대화글의 큰따옴표가 끝날 때까지 첫 칸을 빈칸으로 비웁니다.

01 "새운동화를사러가야겠구나."

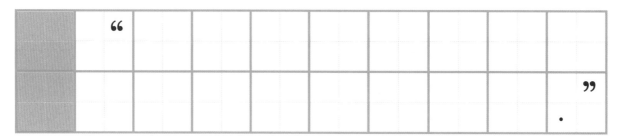

02 "엄마,이운동화를사고싶어요."

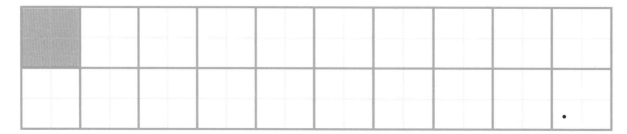

03 나는처음와본도서관이신기했다.

04 도서관에서책이더잘읽힌다.

2-5 헷갈리는 맞춤법 바로잡기

다음 두 개의 낱말 중에서 맞는 것을 골라 ○표 하세요.

01 아끼는 반지를 서랍 ⌈ 깊숙이 / 깊숙히 ⌉ 숨겨 두었다.

02 나는 쑥스러울 때면 혀를 ⌈ 날름 / 낼름 ⌉ 내미는 버릇이 있다.

03 어머니는 ⌈ 꼭지 / 꼬다리 ⌉ 가 싱싱한 수박을 고르셨다.

04 선생님은 싸움을 한 아이들을 ⌈ 꾸짓으셨다 / 꾸짖으셨다 ⌉ .

05 언니가 갑자기 내 ⌈ 넙적다리 / 넓적다리 ⌉ 를 꼬집었다.

06 할머니네 강아지는 털이 ⌈ 복슬복슬 / 복실복실 ⌉ 하다.

2-6 글씨 문제점 찾아 고치기 2

글자의 길이와 끝이 맞지 않아요

글자의 위아래와 양옆 간격이 다르면 글씨가 미워 보입니다. 위아래와 양옆 간격을
맞춰서 써야 보기가 좋습니다.

달력 ▶ 달 력
〈미운 글씨〉 〈바른 글씨〉

'ㄷ'의 가로선 길이가
서로 다릅니다. ▶ ㄷ ㄷ ◀ 'ㄷ'의 가로선 두 개를
같은 길이로 씁니다.

'ㄹ'의 양옆 끝이
서로 다릅니다. ▶ ㄹ ㄹ ◀ 'ㄹ'의 양옆 끝을
같게 맞춥니다.

예 ㄴ ▶ ㄴ   ㅂ ▶ ㅂ   ㅅ ▶ ㅅ

 바른 글씨 연습하기 1

달	력	부	산	눈	등	들	빌	슬
달	력	부	산	눈	등	들	빌	슬

글자가 이어지지 않고 구멍이 있어요

글자에 있는 선이 이어지지 않고 끊기면 글씨가 미워 보입니다. 특히 'ㅁ'과 'ㅇ'에 구멍이 있으면 미운 글씨로 보입니다. 선이 끊기거나 구멍이 생기지 않도록 분명하게 씁니다.

⟨미운 글씨⟩ ▶ 마 음 ⟨바른 글씨⟩

'ㅇ'이 완전히 이어지지 않아 구멍이 생겼습니다.

'ㅇ'이 찌그러지지 않고, 구멍이 생기지 않도록 씁니다.

'ㅁ'의 선들이 서로 이어지지 않았습니다.

'ㅁ'의 모든 선이 이어지도록 곧게 씁니다.

예

 ## 바른 글씨 연습하기 2

마	음	돔	압	풍	몸	만	영	폼
마	음	돔	압	풍	몸	만	영	폼

3-1 동물의 종류 알아보기

01

어미 동물이 새끼를 낳아 젖을 먹여 키우는 동물입니다.

ㅍ ㅇ 류

02

온몸이 비늘로 덮여 있으며, 폐를 이용해 호흡하고 대부분 알을 낳아 번식합니다.

ㅍ ㅊ 류

03

물과 땅에서 동시에 살 수 있는 동물입니다.

ㅇ ㅅ 류

04

깃털이 있어 체온을 조절하거나 몸을 보호하며, 알을 낳아 번식합니다.

ㅈ 류

3-2 동물 종류에 맞게 나누기

동물의 종류를 쓴 후, 다음 〈보기〉의 동물들 중에서 종류에 맞게 두 개씩 찾아 쓰세요.

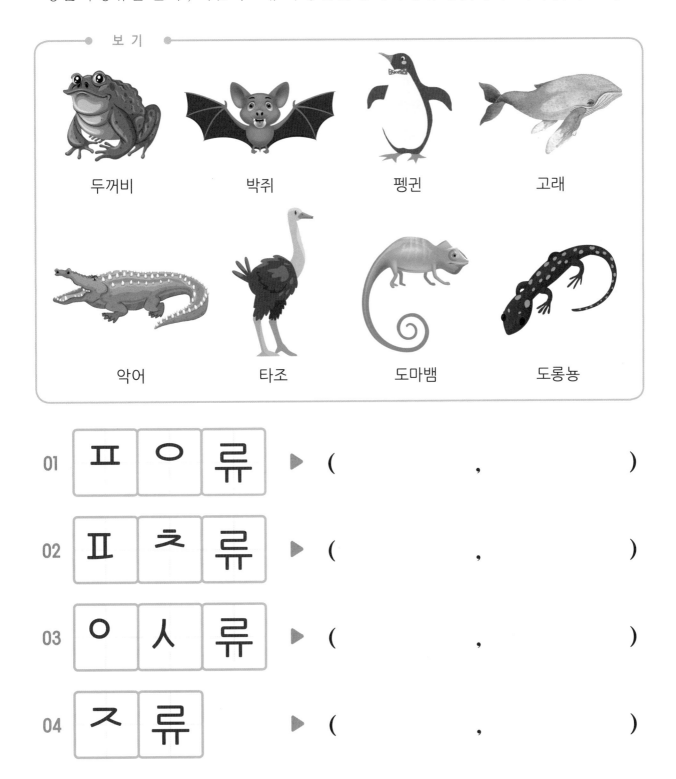

보 기

두꺼비   박쥐   펭귄   고래

악어   타조   도마뱀   도롱뇽

01 | ㅍ | ㅇ | 류 | ▶ (,   )

02 | ㅍ | ㅊ | 류 | ▶ (,   )

03 | ㅇ | ㅅ | 류 | ▶ (,   )

04 | ㅈ | 류 | ▶ (,   )

3-3 어휘력 키우는 비슷한 말과 반대말

🦁 비슷한 말끼리 선 긋기

허공 •	• 면담
대화 •	• 공간
도전 •	• 과실
잘못 •	• 모험

🦁 낱말 초성 퀴즈 1

01 높은 곳을 오르내릴 때 발을 디딜 수 있도록 만든 물건.

ㅅ	ㄷ	ㄹ

02 쓰고 버리는 물건을 다시 사용하거나 사용할 수 있게 함.

ㅈ	ㅎ	용

03 좋은 냄새를 이르는 말.

	ㅎ	ㄱ

04 운동 경기, 놀이 등을 할 수 있는 넓은 마당.

ㅇ	ㄷ	장

반대말끼리 선 긋기

상냥한	•	•	지저분한
영리한	•	•	무뚝뚝한
청결한	•	•	초라한
화려한	•	•	어리석은

 낱말 초성 퀴즈 2

01 먹은 음식 때문에 배가 아프거나 설사를 하는 배 속 병을 이르는 말.

02 집이나 밭 등이 없는 빈 땅.

03 해가 뜨기도 전 아주 이른 아침 시간을 가리키는 말.

04 가게나 기관 등의 이름을 써서 사람들의 눈에 잘 띄게 건물의 밖에 걸거나 붙이는 판.

3-4 표현력 키우는 다양한 낱말 익히기

낱말 찾아 문장 완성하기 1

보 기

어쩌다가   보아하니   이런저런

01 (   ) 귀한 물건인 것 같은데 잘 보관하세요.
겉으로 보아서 짐작하건대.

02 나는 어젯밤 (   ) 생각에 잠을 설쳤다.
분명하지 않게 이러하고 저러한 여러 가지의.

03 우리는 길에서 (   ) 만나면 서로 어색해했다.
뜻밖에 우연히.

낱말 찾아 문장 완성하기 2

보 기

아삭아삭   털레털레   고래고래

01 형제가 서로 (   ) 소리를 지르며 싸웠다.
목소리를 높이어 크게 소리를 지르는 모양.

02 사과를 (   ) 베어 먹었다.
연하고 싱싱한 과일이나 채소를 베어 물 때 자꾸 나는 소리.

03 오빠는 빈손으로 (   ) 돌아왔다.
간편한 차림으로 건들건들 걷거나 행동하는 모양.

낱말 찾아 문장 완성하기 3

● 보 기 ●

| 올바른 | 수많은 | 틀림없는 |

01 밤하늘 ( ) 별 속에서 유난히 빛나는 별을 보았다.
　　수가 매우 많다.

02 지구가 둥글다는 것은 ( ) 사실이다.
　　조금도 틀리거나 어긋나는 일이 없다.

03 반장은 ( ) 행동으로 모범을 보여야 한다.
　　말이나 생각, 행동 등이 옳고 바르다.

 낱말 찾아 문장 완성하기 4

● 보 기 ●

| 뚜렷한 | 아찔한 | 친근한 |

01 롤러코스터가 내려갈 때 ( ) 기분이 들었다.
　　갑자기 정신이 아득하고 조금 어지럽다.

02 두 사람은 친형제처럼 ( ) 사이다.
　　사이가 아주 가깝다.

03 우리나라는 사계절이 ( ) 나라이다.
　　아주 확실하거나 흐리지 않고 분명하다.

3-5 문장 바르게 띄어쓰기

다음 내용을 바르게 띄어 쓰세요.

01 흉내내는말을넣어글을쓰세요.

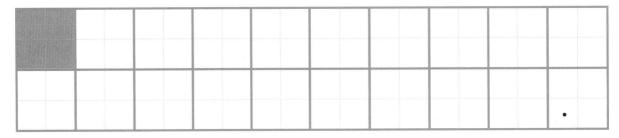

02 시원한바람이산들산들불어옵니다.

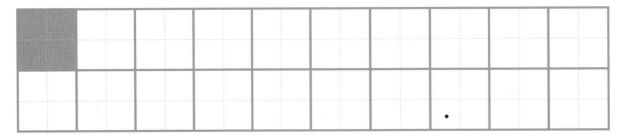

03 흰구름이뭉게뭉게피어납니다.

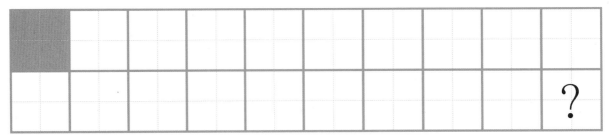

04 가장기억에남는이야기속인물은?

3-6 헷갈리는 맞춤법 바로잡기

다음 두 개의 낱말 중에서 맞는 것을 골라 ○표 하세요.

01 책을 다 읽고 [도로 / **도루**] 갖다 놓았다.

02 달걀을 풀어 흰자위와 [노란자위 / **노른자위**]를 섞습니다.

03 몇 년 만에 그는 [누더기 / **누데기**]를 걸치고 나타났다.

04 물건들을 [마구잽이 / **마구잡이**]로 가방에 집어넣었다.

05 식은 국을 따끈하게 [데우다 / **뎁히다**].

06 지효는 설탕을 듬뿍 묻힌 [도넛 / **도너츠**]을/를 좋아한다.

3-7 글씨 문제점 찾아 고치기 3

🦁 무슨 글자인지 헷갈려요

글자를 분명하게 쓰지 않아 무슨 글자인지 알아보기 힘든 경우가 있습니다. 특히
받침이 'ㅁ'과 'ㅇ', 'ㅅ'과 'ㅈ'의 경우 서로 헷갈리기 쉽습니다.

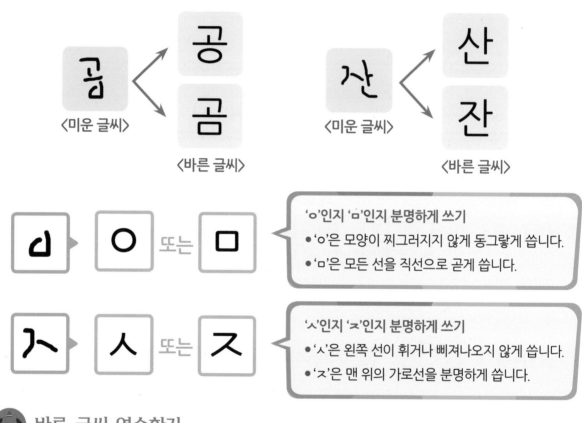

🐶 바른 글씨 연습하기

곰	공	산	잔	몸	옹	상	삼	장
곰	공	산	잔	몸	옹	상	삼	장

3-8 바른 글씨로 속담 쓰기

다음 속담을 따라 쓰면서 바른 글씨를 연습합니다. 직선으로 곧게 글씨를 쓰도록 최대한 노력하며 따라 쓴 후 아래 줄에 연습하세요.

01 속담 풀이 형편이 어렵다가 나아지자, 과거 어렵던 때를 생각하지 못한다는 뜻.

개구리 올챙이 적 생각 못 한다.

02 속담 풀이 어떤 원칙이 정해져 있는 것이 아니라, 상황에 따라 이렇게도 되고 저렇게도 될 수 있는 것을 의미함.

귀에 걸면 귀걸이 코에 걸면 코걸이.

03 속담 풀이 자식이 많은 부모는 근심과 걱정을 하지 않는 날이 없다는 뜻. 여기서 '나무'는 부모를, '가지'는 자식을 비유함.

가지 많은 나무에 바람 잘 날이 없다.

04 속담 풀이 아무리 재미있는 일이라도 배가 불러야 재미있지, 배가 고파서는 아무 일도 할 수 없음을 이르는 말.

금강산도 식후경.

4-1 물건을 세는 알맞은 단위 익히기

물건에 따라 수량을 세는 단위가 달라집니다. 다음 그림을 보고 알맞은 단위를 쓰세요.

01

식물이나 나무를 세는 단위입니다.

나무 한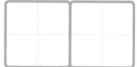

02

서로 다른 꼭지에 달린 꽃이나 열매 따위를 세는 단위입니다.

꽃 세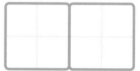

03

신, 양말, 버선, 방망이 따위의 짝이 되는 두 개를 한 벌로 세는 단위입니다.

신발 한

다음 물건을 셀 때 사용하는 단위를 〈보기〉에서 찾아 쓰세요.

보 기

톨   척   벌   채

04

옷을 세는 단위입니다.

옷 두

05

집을 세는 단위입니다.

집 한

06

밤이나 곡식의 낱알을 세는 단위입니다.

밤 세

07

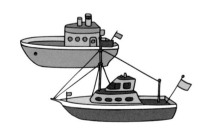

배를 세는 단위입니다.

배 두

4-2 어휘력 키우는 비슷한 말과 반대말

 비슷한 말끼리 선 긋기

행동	•	•	안색
표정	•	•	진행
신호	•	•	동작
추진	•	•	기호

 낱말 초성 퀴즈 1

01 사람이 직접 손으로 끄는 수레.

02 물체가 빛을 받을 때 반대쪽 바닥이나 벽에
    나타나는 그 물체의 검은 모양.

03 남의 물건을 훔치거나 빼앗는 짓을 하는 사람.

04 굵은 나무를 찍거나 장작을 쪼개는 데 쓰는 연장.

반대말끼리 선 긋기

부유한 ●	● 부족한
쓸데없는 ●	● 찝찝한
충분한 ●	● 가난한
개운한 ●	● 유용한

 낱말 초성 퀴즈 2

01 깊고 넓게 파인 땅에 물이 고여 있는 곳.

연 ㅁ

02 걱정이 있을 때, 또는 긴장했다가 마음을 놓을 때
    길게 몰아서 내쉬는 숨.

ㅎ ㅅ

03 기분이 나쁘거나 무서운 꿈.

ㅇ ㅁ

04 그림을 많이 그려 넣은 책.

그 ㄹ ㅊ

4-3 표현력 키우는 다양한 낱말 익히기

 낱말 찾아 문장 완성하기 1

보 기

꾸역꾸역 아른아른 차곡차곡

01 이른 아침 안개가 (　　　　　　　) 피어올랐다.
무엇이 희미하게 보이다 말다 하는 모양.

02 옷들을 (　　　　　　　) 개어서 옷장에 넣었다.
물건을 가지런하게 겹쳐 쌓거나 포개 놓은 모양.

03 남은 음식을 입에 (　　　　　　　) 집어넣었다.
입 속에 음식을 억지로 넣거나 가득 넣고 먹는 모양.

 낱말 찾아 문장 완성하기 2

보 기

뿔뿔이 파르르 사르르

01 진심 어린 사과에 화난 마음이 (　　　　　　　) 풀렸다.
얽히거나 뭉쳤던 것이 저절로 살살 풀리는 모양.

02 술래가 나타나자 모두 (　　　　　　　) 흩어져 달아났다.
저마다 따로따로 흩어지는 모양.

03 주전자에서 물이 (　　　　　　　) 끓기 시작했다.
적은 양의 액체가 가볍게 끓는 소리.

낱말 찾아 문장 완성하기 3

보 기

억울한 　　　 황당한 　　　 인자한

01 할머니는 (　　　　　　) 미소로 나를 바라보셨다.
마음이 너그럽고 따뜻하다.

02 아무 잘못도 없이 벌을 받는 것은 (　　　　　　) 일이다.
아무 잘못 없이 꾸중을 듣거나 벌을 받거나 하여 분하고 답답하다.

03 용이 되어 하늘을 나는 (　　　　　　) 꿈을 꾸었다.
말이나 행동 등이 진실하지 않고 터무니없다.

 낱말 찾아 문장 완성하기 4

보 기

아늑한 　　　 기름진 　　　 평평한

01 강 주변의 (　　　　　　) 땅에서는 곡식이 잘 자란다.
땅이 양분이 많다.

02 나무 아래 (　　　　　　) 곳에 돗자리를 펴고 앉았다.
바닥이 고르고 넓게 퍼져 있다.

03 식탁에는 (　　　　　　) 분위기의 조명이 어울린다.
따뜻하고 포근한 느낌이 있다.

4-4 문장 바르게 띄어쓰기

다음 내용을 바르게 띄어 쓰세요. 마침표, 느낌표, 물음표 등의 문장 부호는 한 칸을 차지합니다. 만약 줄 맨 끝에 문장 부호를 쓸 칸이 없다면 칸 바깥에 씁니다.

01 아주먼옛날한소년이살았어요.

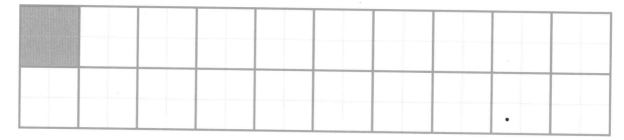

02 올챙이가점점자라뒷다리가나왔다.

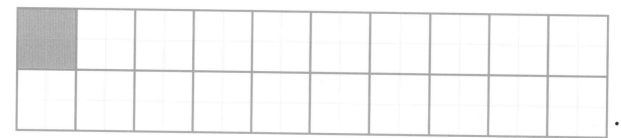

03 게으름을피우지않고살았어요.

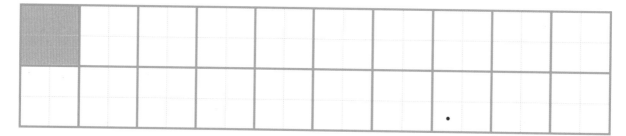

04 꼬리가없어지고개구리가되었다.

4-5 헷갈리는 맞춤법 바로잡기

다음 두 개의 낱말 중에서 맞는 것을 골라 ○표 하세요.

01 선인장 가시에 찔린 손가락이 〔 따겁다 / 따갑다 〕.

02 오늘 배운 것을 〔 똑똑히 / 똑똑이 〕 기억해라.

03 고라니가 진흙 〔 구뎅이 / 구덩이 〕 에 빠져 허우적거렸다.

04 지난 밤 태풍에 커다란 나무가 〔 뿌리째 / 뿌리채 〕 뽑혔다.

05 눈이 하얗게 덮인 〔 산봉우리 / 산봉오리 〕 가 보였다.

06 찬 바람을 쐬니 한결 〔 머릿속 / 머리속 〕 이 맑아졌다.

4-6 따옴표의 종류와 쓰임 이해하기

다음 내용을 읽고 큰따옴표와 작은따옴표를 써서 대화를 완성하세요.

큰따옴표 사용하는 경우

01 인물이 소리 내어 한 말을 적을 때 씁니다.

☐ 세광아, 내일 만나서 함께 가자. ☐

02 남의 말이나 글을 자신의 글 속에 적을 때 씁니다.

고대 그리스의 철학자인 아리스토텔레스는 ☐ 불가능해 보이는 것은 불확실한 가능성보다 항상 더 낫다. ☐ 라는 유명한 명언을 남겼다.

작은따옴표 사용하는 경우

03 인물이 마음속으로 한 말을 적을 때 씁니다.

☐ 나도 어른이 되면 꼭 해 봐야지. ☐

04 자신의 글에 넣은 다른 사람의 말이나 글 속에 또 다른 말이나 글이 들어가는 경우, 두 번째 내용에 작은따옴표를 씁니다.

선생님께서는 ☐ 여러분! ☐ 비 온 뒤에 땅이 굳어진다. ☐ 는 말을 알고 있지요? ☐ 라고 말씀하시며 우리를 격려해 주셨습니다.

4-7 바른 글씨로 속담 쓰기

다음 속담을 따라 쓰면서 바른 글씨를 연습합니다. 직선으로 곧게 글씨를 쓰도록 최대한 노력하며 따라 쓴 후 아래 줄에 연습하세요.

01 속담 풀이 아무 뜻 없이 한 일이 마침 다른 일과 동시에 일어나는 바람에, 둘 사이에 어떤 관계가 있는 것처럼 의심을 받게 된 상황을 말함.

까마귀 날자 배 떨어진다.

02 속담 풀이 현재 가지고 있는 것보다 먼저 것이 더 좋았다고 생각된다는 말.

놓친 고기가 더 크다.

03 속담 풀이 자신이 저지른 나쁜 일이 드러나자, 엉뚱한 말과 행동으로 남을 속이려 할 때를 이르는 말.

닭 잡아먹고 오리 발 내놓기.

04 속담 풀이 주된 것보다 딸린 것이 더 크거나 많다는 뜻으로, 작아야 할 것이 더 크다는 것을 의미함.

배보다 배꼽이 더 크다.

맞춤법 • 어휘력 국어 실력 5단원

 5-1 수컷과 암컷 이름 익히기

사람을 성별에 따라 남자와 여자로 구분하듯이, 동물도 수컷과 암컷으로 나눌 수 있습니다. 동물에서 새끼를 배지 않는 쪽이 수컷이고, 새끼를 배는 쪽은 암컷이라고 합니다. 수컷 사자는 '수사자', 암컷 사자는 '암사자', 수컷 사슴은 '수사슴', 암컷사슴은 '암사슴'이라고 합니다.

수 사 자

암 사 자

거세게 소리 나는 동물 이름

'암, 수'가 동물 이름과 결합하는 낱말의 경우, 뒷글자가 거세게 발음될 때는 발음되는 그대로 씁니다. 예를 들어 수컷 닭은 '수탉'으로, 암컷 닭은 '암탉'으로 뒷글자를 소리 나는 대로 거세게 씁니다.

㉖ ㄱ ▶ ㅋ　　ㄷ ▶ ㅌ　　ㅂ ▶ ㅍ

기초 연습

01

수

02

암

실전 연습 소리가 거세게 발음되는 수컷과 암컷 이름을 쓰세요.

01

수컷 ▶ | 수 | |
암컷 ▶ | 암 | |

02

수컷 ▶ | 수 | | |
암컷 ▶ | 암 | | |

03

수컷 ▶ | 수 | | | 귀 |
암컷 ▶ | 암 | | | 귀 |

04

수컷 ▶ | 수 | | | 리 |
암컷 ▶ | 암 | | | 리 |

5-2 어휘력 키우는 비슷한 말과 반대말

 비슷한 말끼리 선 긋기

회의 •　　• 말소리

목소리 •　　• 예측

상황 •　　• 여건

짐작 •　　• 의논

 낱말 초성 퀴즈 1

01　집에서 음식, 설거지 등 식사와 관련된 일을 하는 장소.

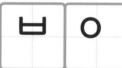

02　농사가 잘되어 다른 때보다 수확이 많은 해.

03　좋은 운수.

04　보통 사람보다 몸과 키가 훨씬 큰 사람.

반대말끼리 선 긋기

천국 •	• 실패
입장 •	• 거짓
진실 •	• 퇴장
성공 •	• 지옥

 낱말 초성 퀴즈 2

01 많은 구멍들을 통하여 물을 위로 세차게 내뿜도록
    만든 설비로, 주로 공원이나 광장 등에 설치됨.

ㅂ ㅅ

02 잠을 자면서 자기도 모르게 중얼거리는 헛소리.

잠 ㄲ ㄷ

03 아무 보람도 없이 수고를 함.

헛 ㅅ ㄱ

04 식사 외에 꼭 필요하지 않은 음식을 간식으로
    먹는 일.

군 ㄱ ㅈ

5-3 표현력 키우는 다양한 낱말 익히기

 낱말 찾아 문장 완성하기 1

┌─── 보 기 ───┐

| 때때로 | 어느덧 | 여태껏 |

01 이번 체험은 (   ) 해 본 적 없는 새로운 경험이었다.
지금까지.

02 유선이는 (   ) 부모님의 일을 도와드린다.
경우에 따라서 가끔.

03 봄이 지나고 (   ) 무더운 여름이 왔다.
모르고 있는 동안에 벌써.

낱말 찾아 문장 완성하기 2

┌─── 보 기 ───┐

| 선뜻 | 자칫 | 진작 |

01 어차피 말할 거면 (   ) 말하지 그랬니?
좀 더 일찍이.

02 친구가 자신이 아끼는 책을 (   ) 빌려줬다.
아무 망설임 없이 쉽고 빠르게.

03 빙판길에서 (   ) 미끄러지면 큰일이다.
어쩌다가 조금 어긋나서.

낱말 찾아 문장 완성하기 3

보 기

| 머뭇거리다 | 다짐하고 | 거슬리는 |

01 조금만 귀에 (　　　　　) 말을 들으면 참지 못했다.

못마땅하거나 마음에 들지 않아 기분이 나쁘다.

02 질문에 잠시 (　　　　　) 말할 기회를 놓쳤다.

말이나 행동을 선뜻하지 못하고 자꾸 망설이다.

03 서로의 비밀을 지킬 것을 (　　　　　) 헤어졌다.

마음을 굳게 먹고 뜻을 정하다.

 낱말 찾아 문장 완성하기 4

보 기

| 마음먹은 | 긴장해서 | 배려하여 |

01 시험을 볼 때 너무 (　　　　　) 실수를 많이 했다.

마음을 놓지 않고 정신을 바짝 차리다.

02 극장에서 뒤에 앉은 사람이 잘 보이도록 (　　　　　) 몸을 낮췄다.

도와주거나 보살펴 주려고 마음을 쓰다.

03 소방관이 되기로 (　　　　　) 적이 있었다.

마음속으로 어떤 일을 하겠다고 결심하다.

5-4 문장 바르게 띄어쓰기

다음 내용을 바르게 띄어 쓰세요.

01 쓰레기를함부로버리지말자.

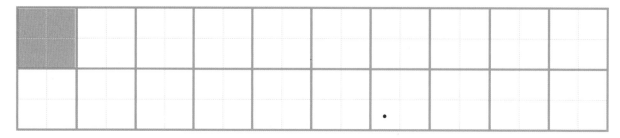

02 지구를위해환경을보호해야한다.

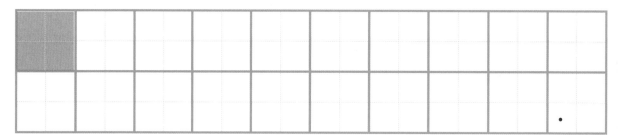

03 우산을찾지못하면새로사야해.

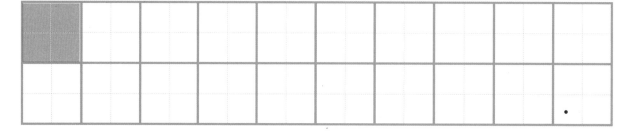

04 셀수없을만큼많은별이있다.

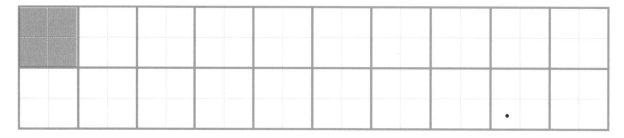

5-5 헷갈리는 맞춤법 바로잡기

다음 두 개의 낱말 중에서 맞는 것을 골라 ◯표 하세요.

01 더러워진 그릇을 [수세미 / 쑤세미] 로 박박 문질러 닦았다.

02 단짝과 같은 반이 되어서 [몹시 / 몹씨] 기뻤다.

03 윤아는 부끄러움을 [무릅쓰고 / 무릎쓰고] 앞으로 나섰다.

04 씻은 손을 수건에 [문지르다 / 문질르다].

05 그는 [부잣집 / 부자집] 막내아들로 태어났다.

06 [수돗물 / 수도물] 을 사용한 후 반드시 잠가 주세요.

5-6 어떤 것을 가리키는 낱말 익히기

다음 설명을 읽고 어떤 사물을 지시할 때 사용하는 '가리키는 낱말'을 〈보기〉에서
골라 쓰세요.

보 기

이것   저것   그것

01 말하는 사람에게 가까이 있는 것을 가리키는 말.

02 말하는 사람과 듣는 사람 모두에게 멀리 있는 것을
가리키는 말.

03 듣는 사람에게 가까이 있는 것을 가리키는 말.

실전 연습 다음 대화를 읽고 상황에 맞게 '가리키는 낱말'을 쓰세요.

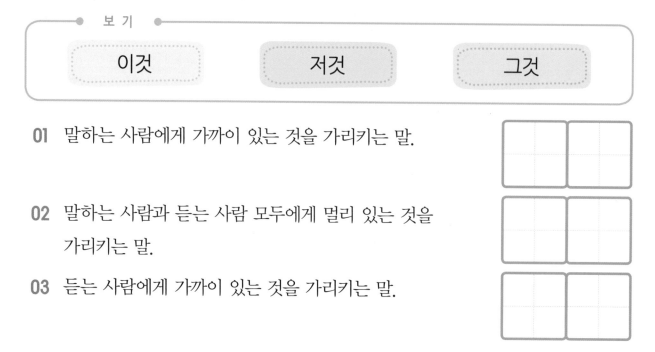

□□ 좀 빌려줄래?

□□ 은 나도 써야 해.

04

05

□□ 은 누구 공일까?

06

5-7 바른 글씨로 속담 쓰기

다음 속담을 따라 쓰면서 바른 글씨를 연습합니다. 직선으로 곧게 글씨를 쓰도록 최대한 노력하며 따라 쓴 후 아래 줄에 연습하세요.

01 속담 풀이 벼가 익을수록 알맹이가 꽉 차 고개를 숙이게 되는 것처럼, 사람도 인격이나 지식이 높을수록 겸손하다는 뜻.

벼 이삭은 익을수록 고개를 숙인다.

02 속담 풀이 잘하고 못하는 것은 실제로 겪어 보아야 알 수 있다는 말.

길고 짧은 것은 대어 보아야 안다.

03 속담 풀이 불에 부채질하면 더 활활 타오르는 것처럼, 다른 사람이 어려움을 겪을 때 도와주기는커녕 더 어렵게 한다는 뜻.

불난 집에 부채질한다.

04 속담 풀이 비에 젖어 질척거리던 흙이 마르면 단단해지는 것처럼, 어떤 시련을 겪은 뒤에 더욱 강해진다는 것을 의미함.

비 온 뒤에 땅이 굳어진다.

6-1 신기한 바다 동물 이름 익히기

모양 때문에 식물로 오해받는 신기한 바다 동물에 대해 배워 보겠습니다. 움직이지 않더라도 촉수 등을 이용하여 동물성 먹이를 잡아먹으면 동물로 분류합니다.

01

| 불 | ㄱ | ㅅ | ㄹ |

'죽일 수 없다'는 뜻의 한자어에서 유래한 이름을 가진 바다 동물입니다.

02

| 해 | ㅍ | ㄹ |

몸이 투명하고 젤리처럼 말랑하며, 촉수에 쏘이면 아픕니다.

03

| 산 | ㅎ |

돌이나 식물처럼 보이는 바다 동물로 물고기의 은신처가 됩니다.

04

| 말 | ㅁ | ㅈ |

화려하게 하늘거리는 촉수로 먹이를 유인하는 바다 동물입니다.

6-2 신기한 곤충 이름 익히기

01
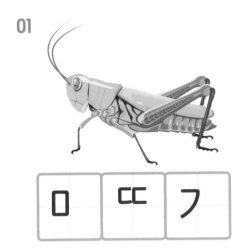

ㅁ	ㄸ	ㄱ

02
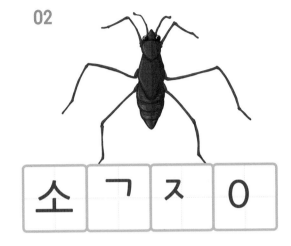

소	ㄱ	ㅈ	ㅇ

03

ㅅ	ㅁ	ㄱ

04

소	ㄸ	ㄱ	ㄹ

05

ㅅ	ㅅ	ㅂ	ㄹ

06
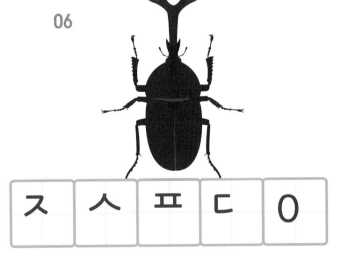

ㅈ	ㅅ	ㅍ	ㄷ	ㅇ

6-3 어휘력 키우는 비슷한 말과 반대말

 비슷한 말끼리 선 긋기

놀이	•	•	모양
생김새	•	•	오락
쓰레기	•	•	맞은편
건너편	•	•	오물

 낱말 초성 퀴즈 1

01 사람이 조정하는 대로 움직이는 인형으로 우리나라 전통 인형극에 등장함.

꼭	ㄷ	ㄱ	ㅅ

02 소매가 없이 어깨 위로 걸쳐 둘러 입도록 만든 외투.

ㅁ	토

03 땅 가까이에서 아주 작은 물방울들이 뭉쳐 부옇게 떠 있는 현상.

ㅇ	개

04 집 안에 있는 뜰이나 꽃밭.

ㅈ	ㅇ

반대말끼리 선 긋기

오해	•	•	불균형
거짓말	•	•	자매
균형	•	•	이해
형제	•	•	참말

 낱말 초성 퀴즈 2

01 무엇을 알리기 위해 글씨, 그림 등을 넣어 세워 놓은 판.

팻 ㅁ

02 새로 돋아나는 싹.

ㅅ ㅆ

03 나라와 나라의 영역을 구분하는 경계.

ㄱ ㄱ

04 밥에 곁들여 먹는 음식을 통틀어 이르는 말.

ㅂ ㅊ

6-4 표현력 키우는 다양한 낱말 익히기

 낱말 찾아 문장 완성하기 1

보 기

빤히   곧장   겨우

01 학교가 끝나면 (   ) 집으로 가야 한다.
다른 곳에 머물거나 들르지 않고 바로.

02 마감을 5분 남기고 (   ) 작품을 완성했다.
어렵게 힘들여.

03 동생은 속이 (   ) 보이는 거짓말을 한다.
어떤 일의 결과나 상태가 들여다보이듯이 분명하게.

낱말 찾아 문장 완성하기 2

보 기

그저   워낙   전혀

01 이곳은 (   ) 추운 곳이지만 올해는 더 춥다.
원래부터.

02 머리 모양을 바꾸니 (   ) 다른 사람이 되었다.
도무지 또는 완전히.

03 동민이는 주말에 (   ) 텔레비전만 봤다.
다른 일은 하지 않고 그냥.

낱말 찾아 문장 완성하기 3

보 기

적절한   엉뚱한   멋쩍게

01 현우는 머리를 긁적이며 (   ) 웃었다.
어색하고 쑥스럽다.

02 건강을 위해 (   ) 습도를 유지해야 한다.
꼭 알맞다.

03 사람들은 동생의 (   ) 대답에 크게 웃었다.
평범한 사람들이 생각하는 것과 전혀 다르다.

 낱말 찾아 문장 완성하기 4

보 기

순진한   은은한   눈부신

01 커튼을 걷자 (   ) 햇살이 방 안으로 쏟아졌다.
눈을 뜰 수 없을 만큼 빛이 매우 환하고 강하다.

02 빛이 강하지 않은 (   ) 조명을 선택했다.
겉으로 뚜렷하게 드러나지 않고 희미하다.

03 지후는 (   ) 아이라 남을 의심하지 않는다.
마음이 꾸밈이 없고 순수하다.

6-5 문장 바르게 띄어쓰기

다음 내용을 바르게 띄어 쓰세요.

01 외딴시골에자식없는부부가있었다.

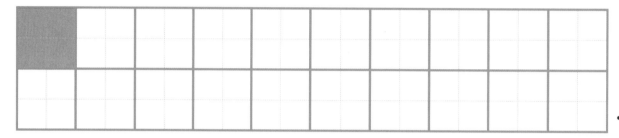

02 쓰레기를치워주셔서감사합니다.

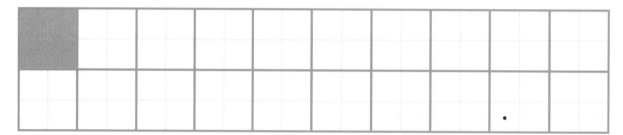

03 저사람이누구인지알고있나요?

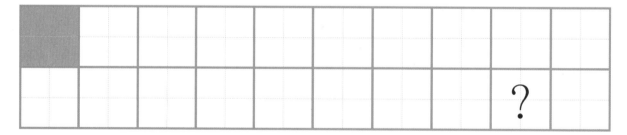

04 내동생은곱슬머리이다.

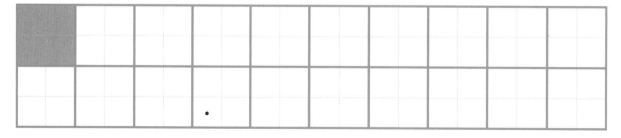

6-6 헷갈리는 맞춤법 바르게 고치기

다음 문장에서 밑줄 친 부분을 알맞은 맞춤법으로 고치세요.

01 나무의 나이는 <u>나이태</u>를 보면 알 수 있습니다.

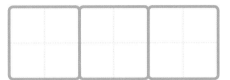

02 햇빛을 많이 쐬어 얼굴에 <u>주금깨</u>가 많이 생겼다.

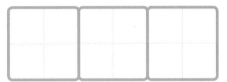

03 친구가 나에게 빵을 아주 <u>쬐끔</u> 떼어 주었다.

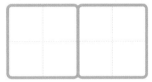

04 동생은 <u>짭잘한</u> 장아찌를 좋아한다.

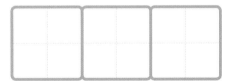

05 은행나무 <u>잎파리</u>가 노랗게 물들어 예쁘다.

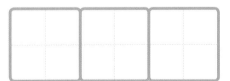

6-7 글을 바르게 띄어 읽기

글을 쉬지 않고 한번에 읽기보다, 띄어 읽기 표시대로 쉬어 읽으면 뜻이 더 잘 전달됩니다. ∨는 쐐기표로 '조금 쉬어 읽는다'는 표시이고, ⋁는 겹쐐기표로 ∨(쐐기표)보다 '조금 더 쉬어 읽는다'는 표시입니다. 띄어 쓴 곳마다 쉬어 읽는 것이 아니라 의미 단위를 중심으로 띄어 읽습니다.

> 아프리카 사막여우는 ∨ 귀가 아주 큽니다. ⋁
> <u>누가(무엇이)</u>

문장에서 '누가(무엇이)' 다음에 조금 쉬어 읽습니다. 만약 '누가(무엇이)'를 꾸며 주는 내용이 길면, 그 부분을 쉬어 읽습니다. 문장과 문장 사이는 ∨보다 조금 더 길게 ⋁로 쉬어 읽습니다.

	쐐기표	• 내용을 구분해 조금 쉴 때 사용합니다. • 쉼표 뒤에는 ∨를 합니다.
	겹쐐기표	• 문장과 문장 사이에 ⋁를 합니다. • 마침표 뒤에는 ⋁를 합니다. • 물음표 뒤에는 ⋁를 합니다. • 느낌표 뒤에는 ⋁를 합니다.

실전 연습

다음 글을 읽고, 조금 띄어 읽는 곳에 ∨를 표시하고, 조금 더 길게 띄어 읽어야 할 곳에는 ⋁를 표시하세요.

> 아프리카 사막에 사는 사막여우는 귀가 아주 큽니다. 얇고 큰 귀는 몸 안의 열을 내보냅니다. 사막여우의 길고 두꺼운 털은 낮에는 햇빛을 막아 주고, 밤에는 몸을 따뜻하게 해 줍니다.

6-8 글쓰기 실력 키우는 관용어 익히기

다음 설명된 뜻을 잘 읽은 후 〈보기〉에서 맞는 표현을 골라 쓰세요.

보 기

| 가슴이 | 간이 | 가슴에 |

---

01 어떤 것에 대해 떳떳하지 못한 마음이 들다. ➡ (   ) 뜨끔하다.

02 옳고 그름을 판단하는 양심에 따르다. ➡ (   ) 손을 얹다.

03 지나치게 대담한 행동을 가리키는 표현. ➡ (   ) 붓다.

보 기

| 차다 | 쓰다 | 질리다 |

---

04 높은 지위에 오르다. ➡ 감투를 (   ).

05 잔뜩 겁을 먹어서 기를 못쓰다. ➡ 겁에 (   ).

06 남에게 구걸하며 살아야 할 정도로 가난하다. ➡ 깡통을 (   ).

6-9 줄 맞춰 글씨 바르게 쓰기

글자를 한 글자씩 정성껏 쓰더라도, 전체적으로 줄이 맞지 않으면 미워 보입니다.
이번에는 줄 공책에 줄을 맞춰 쓰는 연습을 해 보겠습니다.

 글자 키 높이 맞춰 쓰기

아래 문장은 글자마다 크기와 높이가 들쑥날쑥하여 보기 좋지 않습니다. 글자 크기
를 같게 하면서, 밑줄에 닿게 맞춰 쓰세요.

실패는 성공의 어머니다.

글자 간격 맞춰 쓰기

아래 문장은 글자 간격이 너무 넓고 일정하지 않습니다. 띄어 쓰는 부분도 너무 좁
거나 너무 넓습니다. 글자와 글자는 조금 좁은 간격으로 쓰고, 띄어 쓰는 곳은 일정
한 간격을 둡니다.

실패 는 성공의 어머니다.

글씨 줄에 맞춰 바르게 쓰는 비법

글자들을 쓸 때 앞글자와 같은 높이와 크기로 씁니다. 앞에서 배운 방법을 참고하여
다음 문장의 글자들을 줄을 맞춰 쓰세요.

실패는 성공의 어머니다.

 **6-10 줄 맞춰 속담 바르게 쓰기**

다음 속담을 따라 쓰면서 바른 글씨를 연습합니다. 직선으로 곧게 글씨를 쓰도록
최대한 노력하며 따라 쓴 후 아래 줄에 연습하세요.

01 속담 풀이 짐이 없는 빈 수레를 끌 때 덜컹 소리가 큰 것처럼, 잘 모르는 사람
이 더 잘난 척하고 떠드는 경우를 이르는 말.

빈 수레가 요란하다.

02 속담 풀이 큰 기대에 비하여 실속이 없거나 소문이 사실과 다를 경우에 쓰는 말.

소문난 잔치에 먹을 것 없다.

03 속담 풀이 어떤 행동을 당장 하지 못하여 안달하는 급한 성질을 이르는 말.

번갯불에 콩 볶아 먹겠다.

04 속담 풀이 부모는 자식이 많아도 모두 똑같이 소중하고 아낀다는 말.

열 손가락 깨물어 안 아픈 손가락이 없다.

07

맞춤법 · 어휘력 국어 실력 7단원

 7-1 얼굴 관련 낱말 익히기

다음 설명에 맞는 얼굴 부위의 이름을 〈보기〉에서 골라 쓰세요.

보 기

중	간	놀
자	이	뼈	대

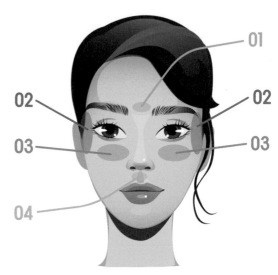

01 양쪽 눈썹의 사이.

미 [ ]

02 귀와 눈 사이에 맥박이 뛰는 자리.

관 [ ] [ ] [ ]

03 얼굴 뺨에서 튀어나온 부분을 만드는 뼈.

광 [ ] [ ]

04 코와 윗입술 사이에 오목하고 얕게 패인 부분.

인 [ ]

7-2 눈, 코, 귀 관련 낱말 익히기

다음 설명에 맞는 신체 부위의 이름을 쓰세요.

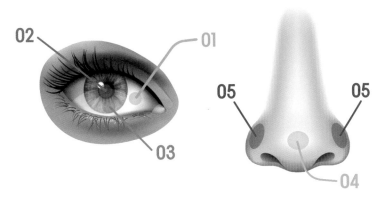

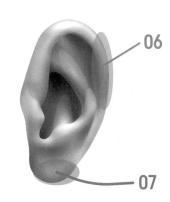

01 눈알의 흰 부분.

흰	ㅈ	ㅇ

02 눈알 한가운데에 있는 검은 부분.

눈	ㄷ	ㅈ

03 눈동자에 들어오는 빛의 양을 조절하는 기관.

ㅎ	채

04 코의 가운데가 솟아서 불룩한 곳.

콧	ㄷ

05 코끝 양쪽으로 둥글게 방울처럼 내민 부분.

콧	ㅂ	ㅇ

06 겉으로 드러난 귀의 가장자리 부분.

귓	ㅂ	ㅋ

07 귀의 아래쪽에 있는 살.

귓	ㅂ

7-3 어휘력 키우는 비슷한 말과 반대말

 비슷한 말끼리 선 긋기

실수	•	•	시합
경기	•	•	실책
마음	•	•	수심
근심	•	•	심성

 낱말 초성 퀴즈 1

01 사람이나 동물의 눈에서 흘러나오는 맑은 액체.

02 막 쓰는 물건을 쌓아 두는 창고.

03 물건이 지니는 가치를 돈으로 나타낸 것.

04 전쟁이나 싸움에 사용되는 기구를 통틀어 이르는 말.

반대말끼리 선 긋기

절망 •　　• 육체

정신 •　　• 암컷

파괴 •　　• 건설

수컷 •　　• 희망

 낱말 초성 퀴즈 2

01 옛날에 싸움할 때 적의 창검이나 화살을 막기 위하여 입던 옷.

ㄱ ㅇ

02 적이나 상대편의 힘에 눌려 자기 뜻을 굽히고 복종함.

ㅎ ㅂ

03 종이나 비닐 따위로 물건을 넣을 수 있게 만든 주머니.

ㅂ ㅈ

04 겨울 동안 먹을 김치를 한꺼번에 많이 담가 두는 일.

ㄱ 장

7-4 표현력 키우는 다양한 낱말 익히기

 낱말 찾아 문장 완성하기 1

> **보 기**
>
> 뒤이어　　　　망가진　　　　갈고닦은

01 다리가 (　　　　　　　) 의자는 아무짝에도 소용없다.
부서지거나 찌그러져 못 쓰게 되다.

02 시험은 그동안 (　　　　　　　) 실력을 확인하는 좋은 기회다.
학문, 재주 등을 열심히 배우고 익히다.

03 식사를 마치자 (　　　　　　　) 커피와 음료가 나왔다.
일과 일이 끊어지지 않고 곧바로 이어지다.

 낱말 찾아 문장 완성하기 2

> **보 기**
>
> 살피고　　　　베풀어　　　　빗대어

01 어려운 이웃에게 사랑을 (　　　　　　) 주세요.
다른 사람에게 도움을 주어 혜택을 받게 하다.

02 횡단보도를 건널 때는 주위를 잘 (　　　　　　) 건너라.
이것저것 조심하여 자세히 보다.

03 사람들은 구두쇠인 그를 놀부에 (　　　　　　) 놀렸다.
어떤 것을 직접 말하지 않고 비슷한 것과 비교하여 말하다.

낱말 찾아 문장 완성하기 3

보 기

지쳐서   애쓰는   짐작하고

01 낯선 환경에 적응하려고 (   ) 모습이었다.
마음과 힘을 다하여 이루려고 힘쓰다.

02 온종일 더위에 (   ) 그런지 입맛도 없다.
힘든 일을 하거나 어떤 일에 시달려서 힘이 없다.

03 현명한 사람은 일어날 일을 (   ) 미리 대비한다.
사정이나 형편 등을 어림잡아 생각하다.

 낱말 찾아 문장 완성하기 4

보 기

표현하기   투덜대는   들러붙어서

01 주문한 음식이 늦어지자 (   ) 손님들이 생겼다.
남이 알아듣기 어려울 정도의 낮은 목소리로 자꾸 불평을 하다.

02 지금의 행복한 마음을 말로 (   ) 어렵다.
느낌이나 생각 등을 말, 글, 몸짓 등을 통해 겉으로 드러내다.

03 호박엿이 입천장에 (   ) 잘 떨어지지 않는다.
끈기 있게 붙어서 잘 떨어지지 않다.

7-5 문장 바르게 띄어쓰기

다음 내용을 바르게 띄어 쓰세요.

01 오랜시간이흐른뒤에알게되었다.

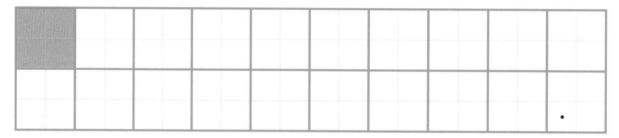

02 식물을아끼고보호해야한다.

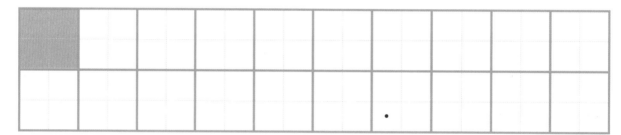

03 채영이는종이접기를좋아합니다.

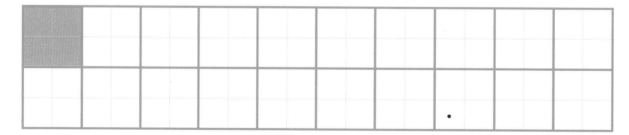

04 새로제짝이된친구는지호입니다.

7-6 헷갈리는 맞춤법 바르게 고치기

다음 문장에서 밑줄 친 부분을 알맞은 맞춤법으로 고치세요.

01 고양이가 앞발로 눈을 <u>부비고</u> 있었다.

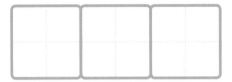

02 축구를 하다가 넘어져 <u>정겡이</u>를 다쳤다.

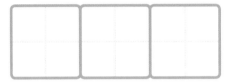

03 나는 <u>십월</u>에 태어나서 그런지 가을을 좋아한다.

04 교통비를 <u>애끼기</u> 위해 자전거를 타고 다녔다.

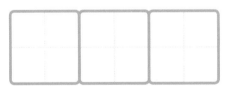

05 <u>아뭏든</u> 시험이 모두 끝나서 좋다.

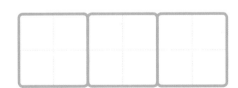

7-7 시와 관련된 낱말 이해하기

어떤 생각이나 감정을 리듬이 있는 짧은 글로 표현한 것을 '시'라고 합니다. 시는 같은 말이 반복되고, 소리와 모양을 나타내는 흉내 내는 말이 많이 사용됩니다. 시와 관련된 낱말을 배워 보겠습니다.

> 보 기
>
> 낭송   암송   운율

01 시나 글을 소리 내어 읽는 것.

02 시나 글을 외워서 읊는 것.

03 비슷한 소리나 어떤 특징이 반복되면서 느껴지는 말의 가락.

> 보 기
>
> 연   행

04 시의 한 줄.

05 시에서 여러 줄이 모여 이루어진 한 덩어리.

시의 구성 요소 익히기

다음 시에 표시된 번호가 의미하는 시의 구성 요소를 쓰세요.

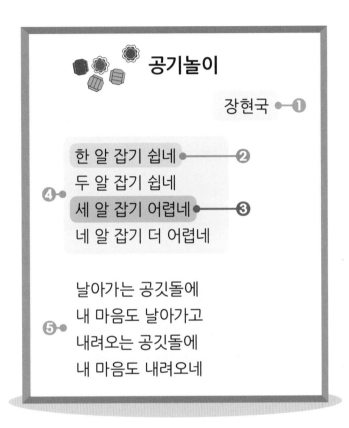

공기놀이

장현국 ●❶

한 알 잡기 쉽네 ●❷
두 알 잡기 쉽네
세 알 잡기 어렵네 ●❸
네 알 잡기 더 어렵네

❹●

날아가는 공깃돌에
내 마음도 날아가고
내려오는 공깃돌에
내 마음도 내려오네

❺●

01 ❶ 글을 쓴 사람.

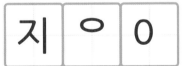

02 ❷ 시의 첫 번째 줄.

03 ❸ 시의 세 번째 줄.

04 ❹ 시의 첫 번째 덩어리.

05 ❺ 시의 두 번째 덩어리.

7-8 글쓰기 실력 키우는 관용어 익히기

다음 설명된 뜻을 잘 읽은 후 〈보기〉에서 맞는 표현을 골라 쓰세요.

보 기

켜다	가다	캄캄하다

01 깊이 잠이 들다. ➡ 꿈나라로 (　　　　　).

02 어찌할 바를 몰라 정신이 흐려지다. ➡ 눈앞이 (　　　　　).

03 몹시 화가 나서 눈을 부릅뜨다. ➡ 눈에 불을 (　　　　　).

보 기

머리를	눈이	눈코

04 어떤 일에 집착하여 이성을 잃다. ➡ (　　　　　) 뒤집히다.

05 정신 못 차릴 정도로 몹시 바쁘다. ➡ (　　　　　) 뜰 사이 없다.

06 흥분되거나 긴장된 마음을 가라앉히다. ➡ (　　　　　) 식히다.

7-9 바른 글씨로 속담 쓰기

다음 속담을 따라 쓰면서 바른 글씨를 연습합니다. 직선으로 곧게 글씨를 쓰도록
최대한 노력하며 따라 쓴 후 아래 줄에 연습하세요.

01 속담 풀이 자기의 부담을 덜려고 하다가 다른 일까지도 맡게 된 경우를 비유적
으로 이르는 말.

혹 떼러 갔다 혹 붙여 온다.

02 속담 풀이 다른 사람 이야기를 하는데 공교롭게 그 사람이 나타나는 경우를 이
르는 말.

호랑이도 제 말 하면 온다.

03 속담 풀이 일의 순서를 무시하고 성급하게 행동할 때를 일컫는 말.
숭늉은 밥을 지은 솥에서 밥을 푼 뒤에 물을 붓고 데운 물을 말함.

우물에 가 숭늉 찾는다.

04 속담 풀이 웃는 얼굴을 보이는 사람에게 나쁘게 대할 수 없다는 말.

웃는 낯에 침 뱉으랴.

맞춤법 · 어휘력 국어 실력 8단원

8-1 마을 입구에 있는 옛것 이름 익히기

다음 그림과 관련된 설명을 읽고 알맞은 낱말을 쓰세요.

01

기다란 막대기에 나무나 돌로 만든 새를 앉힌 옛 물건으로, 풍년을 기원하며 마을 입구에 세운 것입니다.

솟	ㄷ

02

나쁜 기운을 막기 위해, 나무에 사람의 얼굴을 새겨 마을 입구나 길가에 세워 놓은 말뚝입니다.

ㅈ	ㅅ

03

제주도에서 마을을 지켜 주는 수호신으로 돌로 노인의 모습을 만든 조각입니다.

돌	ㅎ	ㄹ	ㅂ

8-2 전통 악기 이름 익히기

다음 설명을 읽고 관련된 전통 악기를 〈보기〉에서 찾아 쓰세요.

보 기

| 해금 | 대금 | 가야금 | 아쟁 | 거문고 |

01

우리나라 고유 현악기로, 긴 나무 위에 열두 줄의 명주 줄을 매고 손가락으로 뜯어 소리를 냅니다.

02

앞으로 세워서 부는 피리와 달리, 옆으로 뉘어 부는 우리나라 전통 목관악기입니다. 대나무로 만든 악기로 거의 모든 전통음악에 쓰입니다.

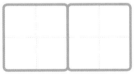

03

두 줄로 된 전통 현악기입니다. 오른손에 활대를 잡고 줄을 문질러 소리를 내고, 왼손은 두 줄을 감아 잡고 쥐거나 떼면서 음높이를 조절합니다.

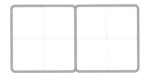

8-3 어휘력 키우는 비슷한 말과 반대말

 비슷한 말끼리 선 긋기

직책 •	• 안심
안도 •	• 모이
먹이 •	• 인성
인품 •	• 직무

 낱말 초성 퀴즈 1

01 짚이나 갈대 등을 묶어 지붕 위를 덮은 집.

02 어느 한 시기에 많은 사람 사이에 널리 퍼져
쓰이는 말.

03 더러운 상태가 됨.

04 옷이 벌어지지 않도록 옷에 붙여 사용하는 작고
동그란 물건.

초	ㄱ	ㅈ

유	ㅎ	ㅇ

	ㅇ	염

	ㄷ	ㅊ

반대말끼리 선 긋기

희열	•	•	분노
퇴근	•	•	과거
장래	•	•	망각
기억	•	•	출근

 낱말 초성 퀴즈 2

01 사람들을 병에 걸리게 하거나, 음식을 썩게 하는 아주 작은 생물.

세 ㄱ

02 큰비나 지진 등으로 산에서 돌과 흙이 한꺼번에 무너져 내리는 일.

산 ㅅ ㅌ

03 밥을 지은 솥이나 냄비 바닥에 눌어붙은 밥.

누 ㄹ ㅈ

04 땅속에서 물과 양분을 빨아올리고 줄기를 지탱하는 식물의 한 부분.

ㅃ ㄹ

8-4 표현력 키우는 다양한 낱말 익히기

낱말 찾아 문장 완성하기 1

● 보 기 ●

시무룩한   신기한   새콤한

01 사람들은 마술사의 (　　　　　　) 마술에 감탄했다.
　　아주 새롭고 놀랍다.

02 나는 (　　　　　　) 자두를 가장 좋아한다.
　　맛이 조금 시면서 상큼하다.

03 축구 시합에서 진 오빠가 (　　　　　　) 표정으로 들어왔다.
　　마음에 못마땅하여 말이 없고 얼굴에 언짢은 기색이 있다.

낱말 찾아 문장 완성하기 2

● 보 기 ●

점잖게   호되게   힘겹게

01 아버지 물건을 망가뜨려 (　　　　　　) 야단을 맞았다.
　　매우 심하다.

02 눈이 덜 녹아 미끄러운 산길을 (　　　　　　) 올랐다.
　　힘이 부족하여 어떤 일을 해 내기 어렵다.

03 개구쟁이 동생도 남의 집에서는 (　　　　　　) 행동했다.
　　말과 행동이 의젓하고 신중하다.

낱말 찾아 문장 완성하기 3

보 기

| 괴고 | 받치고 | 다물고 |

01 나는 쟁반에 물을 ( ) 조심조심 걸었다.

물건의 밑이나 옆 따위에 다른 물체를 대다.

02 입을 꾹 ( ) 한마디도 하지 않았다.

긴장한 윗입술과 아랫입술을 붙여 입을 닫다.

03 창문 쪽에 턱을 ( ) 있는 아이가 내 동생이다.

기울어지거나 쓰러지지 않도록 아래를 받쳐 안정시키다.

 낱말 찾아 문장 완성하기 4

보 기

| 꿈틀거렸다 | 술렁거렸다 | 반짝거렸다 |

01 연예인이 온다는 소문에 학교가 ( ).

분위기 등이 자꾸 어수선하고 소란이 일다.

02 달빛이 비친 호수는 은빛으로 ( ).

작은 빛이 잇따라 잠깐 나타났다가 사라졌다가 하다.

03 그물에 잡힌 생선이 꼬리를 흔들며 ( ).

몸의 한 부분을 자꾸 비틀거나 구부리며 움직이다.

8-5 문장 바르게 띄어쓰기

다음 내용을 바르게 띄어 쓰세요.

01 매일아침마다줄넘기를합니다.

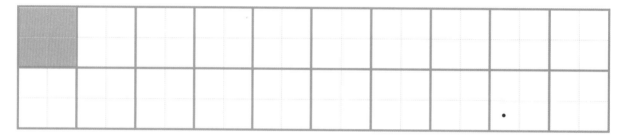

02 주아는흰얼굴과큰키를가졌다.

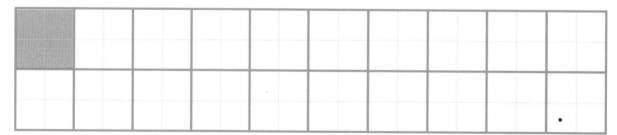

03 기헌이는다섯명중에서일등이다.

04 우리반에서예나와제일친하다.

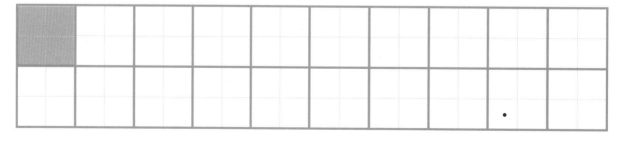

8-6 헷갈리는 맞춤법 바르게 고치기

다음 문장에서 밑줄 친 부분을 알맞은 맞춤법으로 고치세요.

01 건물 <u>안밖</u>으로 사람들이 모이기 시작했다.

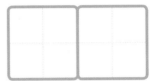

02 버스 안내판에 '빈 좌석 <u>없슴</u>'으로 표시되었다.

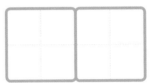

03 이번 체육대회에서 선생님을 돕는 <u>역활</u>을 맡았다.

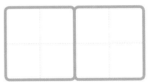

04 너무 피곤하여 <u>왼종일</u> 잠만 잤다.

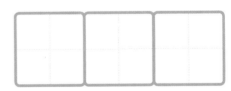

05 두 집안은 대대로 <u>왠수</u> 사이이다.

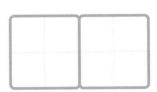

8-7 낱말 바르게 소리 내어 읽기

 글자와 다르게 소리 나는 낱말

앞말의 받침이 뒷말의 초성 'ㅇ'을 만나면 뒷말로 넘어가 소리 납니다. 예를 들면 '옆에'의 받침 'ㅍ'이 뒷말의 'ㅇ'으로 넘어가 [여페]로 소리 납니다.

겹받침인 경우에는 두 개 중 하나의 받침이 뒷말의 'ㅇ'으로 넘어가 소리 납니다. 예를 들어 '많이'는 겹받침 'ㄶ'에서 'ㄴ'이 뒷말의 'ㅇ'으로 넘어가 [마니]로 소리 납니다.

쓰기	소리내기
옆에	[여페]
많이	[마니]

세게 발음해야 하는 낱말

낱말에 따라 'ㄱ, ㄷ, ㅂ, ㅅ, ㅈ'을 읽을 때 'ㄲ, ㄸ, ㅃ, ㅆ, ㅉ'로 세게 발음해야 하는 경우가 있습니다. 예를 들어 '물감'은 [물깜]으로, '등불'은 [등뿔]로 발음해야 합니다.

쓰기	소리내기
물감	[물깜]
등불	[등뿔]

그대로 소리 나는 낱말

글자 그대로 발음나는 낱말과 세게 읽어야 하는 낱말을 구분해야 합니다. 다음은 똑같이 소리 내야 하는데, 세게 잘못 읽기 쉬운 낱말들입니다.

쓰기	소리내기	
가 시	[가시] ○	[까시] X
번 데 기	[번데기] ○	[뻔데기] X

실전 연습 소리 나는 대로 쓴 낱말을 바르게 고치세요.

01 하늘에 <u>구르미</u> 둥실둥실 떠 있다.

02 하서는 학교에서 곧장 <u>지브로</u> 갔다.

03 오늘 <u>하라버지</u> 생신이라 외식을 한다.

04 다음 주 화요일부터 <u>모교일</u>까지 휴일이다.

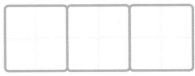

05 <u>보름딸</u>처럼 둥근 얼굴이 정겹다.

06 심부름으로 <u>약꾹</u>에서 소화제를 샀다.

8-8 글쓰기 실력 키우는 관용어 익히기

다음 설명된 뜻을 잘 읽은 후 〈보기〉에서 맞는 표현을 골라 쓰세요.

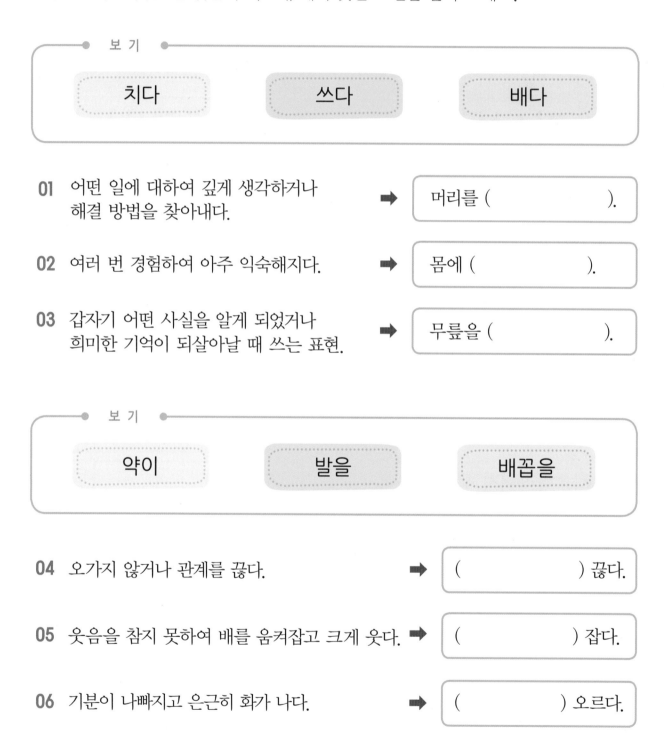

보 기

치다   쓰다   배다

01 어떤 일에 대하여 깊게 생각하거나
해결 방법을 찾아내다.   ➡ 머리를 (   ).

02 여러 번 경험하여 아주 익숙해지다.   ➡ 몸에 (   ).

03 갑자기 어떤 사실을 알게 되었거나
희미한 기억이 되살아날 때 쓰는 표현.   ➡ 무릎을 (   ).

보 기

약이   발을   배꼽을

04 오가지 않거나 관계를 끊다.   ➡ (   ) 끊다.

05 웃음을 참지 못하여 배를 움켜잡고 크게 웃다.   ➡ (   ) 잡다.

06 기분이 나빠지고 은근히 화가 나다.   ➡ (   ) 오르다.

8-9 바른 글씨로 속담 쓰기

다음 속담을 따라 쓰면서 바른 글씨를 연습합니다. 직선으로 곧게 글씨를 쓰도록 최대한 노력하며 따라 쓴 후 아래 줄에 연습하세요.

01 속담 풀이 윗사람이 잘하면 아랫사람도 따라서 잘하게 된다는 말.

윗물이 맑아야 아랫물이 맑다.

02 속담 풀이 없으면 없는 대로 그럭저럭 살아 나갈 수 있음을 이르는 말.

이 없으면 잇몸으로 산다.

03 속담 풀이 그 자리에서는 아무 말도 못 하고 뒤에 가서 불평하는 경우를 이르는 말.

종로에서 뺨 맞고 한강에서 눈 흘긴다.

04 속담 풀이 몹시 고생을 하는 삶도 좋은 일이 생길 때가 있다는 말.

쥐구멍에도 볕 들 날 있다.

9-1 올림픽 관련 낱말 익히기

올림픽은 국제올림픽위원회(IOC)가 선정한 도시에서 4년마다 개최되는 국제 운동 경기 대회로, 하계 올림픽과 동계 올림픽으로 나누어 개최됩니다. 올림픽은 국제 사회의 갈등을 풀고 세계 평화를 이루려는 목적으로 시작되었습니다.

 동계 올림픽 종목 맞히기

다음 동계 올림픽 종목의 이름을 쓰세요.

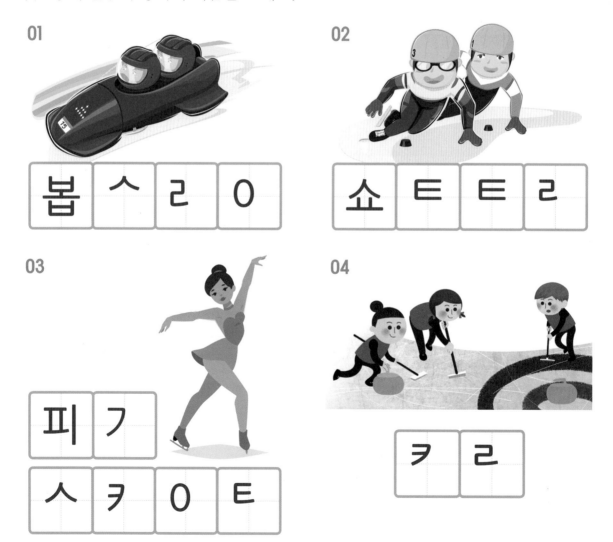

01

| 봅 | ㅅ | ㄹ | ㅇ |

02

| 쇼 | ㅌ | ㅌ | ㄹ |

03

| 피 | ㄱ |
| ㅅ | ㅋ | ㅇ | ㅌ |

04

| ㅋ | ㄹ |

하계 올림픽 종목 맞히기

다음 하계 올림픽 종목의 이름을 쓰세요.

01

ㅇ	ㄱ

02

ㄹ	ㅅ	ㄹ

03

ㅇ	ㄷ

04

ㅇ	ㅅ

05

ㅊ	ㅈ

06

ㅍ	ㅅ

9-2 운동 종목 이름 맞히기

01
ㅂ	ㄷ	ㅁ	ㅌ

02
ㅌ	ㄴ	ㅅ

03
ㅂ	ㅅ

04
ㅎ	ㄷ	볼

05
ㅌ	ㄱ

06
ㅌ	ㄱ	ㄷ

9-3 운동과 놀이 기구 이름 맞히기

01

ㄱ	ㄴ

02

ㅎ	ㄹ	ㅎ	ㅍ

03

아	ㄹ

04

평	ㄱ	ㄷ

05

ㅎ	ㅈ	ㅁ	ㅁ

06

ㄹ	ㄹ	ㅋ	ㅅ	ㅌ

9-4 어휘력 키우는 비슷한 말과 반대말

🦁 비슷한 말끼리 선 긋기

쓰임 •	• 원료
재료 •	• 원래
본래 •	• 소용
본심 •	• 진심

낱말 초성 퀴즈 1

01 돈, 시간, 물건 등을 아끼지 않고 헛되이 함부로 씀.

    ㄴ ㅂ

02 오랫동안 되풀이하는 동안에 저절로 익혀진 행동 방식.

    ㅅ ㄱ

03 물이 흐르는 골짜기.

    계 ㄱ

04 사과나무나 배나무 같은 과실나무를 많이 심어
가꾸는 밭.

    ㄱ ㅅ 원

반대말끼리 선 긋기

거부하다 •	• 무너뜨리다
개방하다 •	• 승인하다
세우다 •	• 폐쇄하다
곱다 •	• 거칠다

 낱말 초성 퀴즈 2

01 함부로 쓰지 아니하고 꼭 필요한 데에만 써서 아낌.

| ㅈ | 약 |

02 비가 오거나 흐린 날, 매우 큰 소리와 번개가 함께 나타나는 현상.

| ㅊ | ㄷ |

03 비가 많이 내려서 갑자기 크게 불어난 강이나 개천의 물.

| ㅎ | ㅅ |

04 동물의 알 속에서 새끼가 껍데기를 깨고 밖으로 나옴.

| ㅂ | ㅎ |

9-5 표현력 키우는 다양한 낱말 익히기

 낱말 찾아 문장 완성하기 1

보 기

| 벌어지고 | 두드리는 | 일궈 |

01 옆집에서 드럼을 (   ) 소리가 들렸다.
소리가 나도록 잇따라 치거나 때리다.

02 호미로 거친 땅을 (   ) 감자를 심었다.
논밭을 만들기 위하여 땅을 파서 일으키다.

03 합격을 축하하는 잔치가 (   ) 있었다.
일을 계획하여 시작하거나 펼쳐 놓다.

 낱말 찾아 문장 완성하기 2

보 기

| 빼앗아 | 실천하기 | 북적거리기 |

01 방학 계획을 (   ) 위해 노력하자.
계획하거나 생각한 것을 실제 행동으로 옮기다.

02 언니가 내 과자를 (   ) 먹었다.
남의 것을 억지로 제 것으로 만들다.

03 행사장은 구경하는 사람들로 (   ) 시작했다.
많은 사람이 한곳에 모여 매우 어수선하고 시끄럽다.

낱말 찾아 문장 완성하기 3

보 기

| 중얼거리며 | 왁자지껄하게 | 부스럭거리는 |

01 아이들은 신이 나서 (　　　　　　　　) 떠들고 있다.

　　여럿이 한데 모여 시끄럽게 떠든다.

02 나는 영어 단어를 (　　　　　　　) 외워야 잘 외워진다.

　　작고 낮은 목소리로 혼잣말을 자꾸 하다.

03 과자 봉지 (　　　　　　　) 소리가 나자 모두 쳐다보았다.

　　마른 잎이나 검불, 종이 따위를 밟거나 건드리는 소리를 자꾸 내다.

 낱말 찾아 문장 완성하기 4

보 기

| 뒤쫓아 | 덮쳐 | 내뿜는 |

01 거센 파도가 길을 (　　　　　　　) 도로가 파손되었다.

　　갑자기 닥쳐와 위에서 내리누르다.

02 자동차에서 (　　　　　　　) 매연이 환경을 오염시킨다.

　　속에 있는 것을 밖으로 향하여 세차게 밀어 내다.

03 범인은 (　　　　　　　) 오던 경찰에게 붙잡혔다.

　　앞서가는 사람의 뒤를 급히 따라가다.

9-6 문장 바르게 띄어쓰기

다음 내용을 바르게 띄어 쓰세요. 문장 부호는 한 칸에 하나씩 쓰고 물음표와 느낌표 다음에는 한 칸을 비웁니다. 하지만 쉼표와 마침표의 다음 칸은 비우지 않습니다.

01 여러분,가슴을활짝펴고앉으세요.

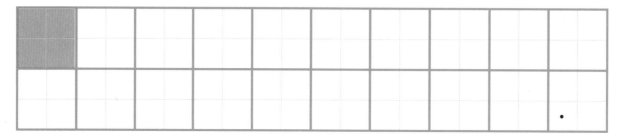

02 바구니에빨간사과가가득있었다.

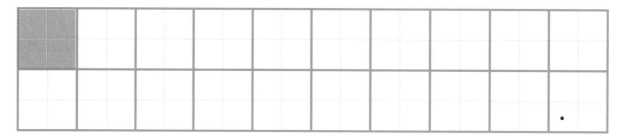

03 갑자기나도모르게짜증이났다.

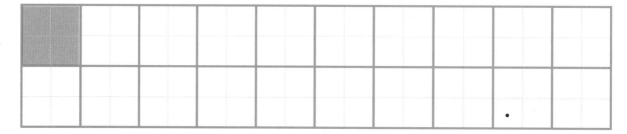

04 한가지주의할점이있었다.

9-7 헷갈리는 맞춤법 바르게 고치기

다음 문장에서 밑줄 친 부분을 알맞은 맞춤법으로 고치세요.

01 매일 오던 고양이가 <u>왠일</u>로 보이지 않는다.

02 그가 찾던 편지는 <u>웃도리</u> 주머니에 있었다.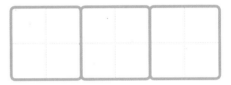

03 옷이 <u>장농</u>에 가득한데 입을 옷이 없다.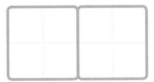

04 부모님께 <u>존대말</u>을 써야 합니다.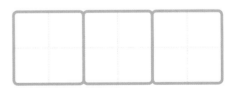

05 생일 케이크를 여덟 <u>쪼각</u>으로 나누었다.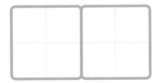

9-8 글쓰기 실력 키우는 관용어 익히기

다음 설명된 뜻을 잘 읽은 후 〈보기〉에서 맞는 표현을 골라 쓰세요.

> **보 기**
>
> 입을   인상을   입술을

01 화가 나거나 좋지 아니한 표정을 짓다. ➡ (   ) 쓰다.

02 끓어 오르는 분노, 슬픔과 같은 감정을 힘껏 참다. ➡ (   ) 깨물다.

03 여러 사람이 같은 의견을 말하다. ➡ (   ) 모으다.

> **보 기**
>
> 코가   침   정신을

04 잘못이나 실패의 원인을 알아서 뉘우치며 마음을 다잡다. ➡ (   ) 차리다.

05 자기 것임을 표시하다. ➡ (   ) 발라 놓다.

06 몹시 창피를 당하거나 체면이 뚝 떨어지다. ➡ (   ) 납작해지다.

9-9 바른 글씨로 속담 쓰기

다음 속담을 따라 쓰면서 바른 글씨를 연습합니다. 직선으로 곧게 글씨를 쓰도록 최대한 노력하며 따라 쓴 후 아래 줄에 연습하세요.

01 속담 풀이 세월이 흐르면 모든 것이 다 변하게 된다는 말.

십 년이면 강산도 변한다.

02 속담 풀이 아무리 감시하여도 갑자기 생기는 불행은 막기 어렵다는 말.

지키는 사람 열이 도둑 하나를 못 당한다.

03 속담 풀이 하던 일이 실패로 돌아가거나 어찌할 도리가 없다는 뜻.

닭 쫓던 개 지붕 쳐다보듯.

04 속담 풀이 궁지에서 벗어날 수 없는 처지를 비유적으로 이르는 말.

독 안에 든 쥐.

10-1 병원 종류와 하는 일 익히기

다음 설명과 그림에 맞는 병원의 종류를 〈보기〉에서 골라 쓰세요.

보기

정　이　형　비　후　안　인　외

01

시력검사와 같이 눈과 관련된 검사를 하고, 눈에 질병이 생기면 치료를 하는 병원입니다.

02

귓속에 질병이 생겨 아프거나, 감기 등으로 코나 목구멍이 붓고 아플 때 가는 병원입니다.

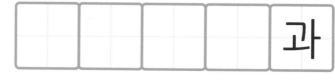

03

근육을 다쳐 아프거나, 뼈가 부러져 문제가 생겼을 때 가는 병원입니다.

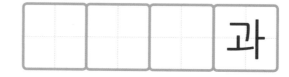

보기

| 인 | 피 | 산 | 부 | 치 | 부 |

04

피부에 관한 모든 병을 연구하고 치료하는 병원입니다.

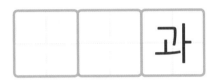

| | | 과 |

05

아기를 가지고 낳는 임신, 출산, 불임 등과 관련된 연구와 진료를 하고, 다양한 부인병을 치료하는 병원입니다.

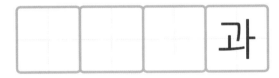

| | | | 과 |

06

치아와 잇몸 등 입안에 생기는 병을 연구하고 치료하는 병원입니다.

| | 과 |

10-2 생활에 유용한 도구 이름 익히기

01

ㅈ ㅈ

02

□

03

ㄷ ㄹ ○ ㅂ

04

□ ㅊ

05

ㅌ

06

ㄷ ㄹ

10-3 주방 도구 이름 익히기

01

ㄷ	ㅈ	ㄱ

02

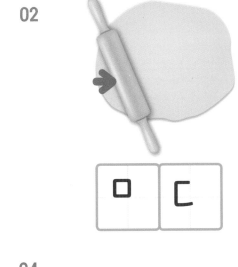

ㅁ	ㄷ

03

ㅂ	ㅅ

04

ㄷ	ㅁ

05

ㅎ	ㄹ	ㅇ	ㅍ

06

ㅊ

10-4 어휘력 키우는 비슷한 말과 반대말

 비슷한 말끼리 선 긋기

고달픈 •	• 아주
아예 •	• 짜증
추억 •	• 피곤한
싫증 •	• 회상

 낱말 초성 퀴즈 1

01 학교나 직장 등에서 식사를 주는 것.

ㄱ ㅅ

02 각 면에 한 개부터 여섯 개의 점이 새겨져 있는
조그만 정육면체의 놀이 도구.

ㅈ ㅅ ㅇ

03 간장, 된장, 고추장 따위를 담아 두거나 담그는
항아리.

ㅈ ㄷ

04 계절에 따라 옮겨 다니지 않고 계속 한 지역에서만
사는 새.

ㅌ ㅅ

반대말끼리 선 긋기

내년 •	• 앞뜰
뒤뜰 •	• 작년
새로운 •	• 차이점
공통점 •	• 낡은

 낱말 초성 퀴즈 2

01 읽던 곳을 찾기 쉽도록 책의 낱장 사이에 끼워 두는 물건.

ㅊ	ㄱ	피

02 물고기 잡는 일을 직업으로 하는 사람.

ㅇ	ㅂ

03 예전에 사용하던, 놋쇠로 만든 둥근 돈으로 가운데에 네모진 구멍이 있음.

ㅇ	전

04 사람이 타고 내리도록 버스나 택시 등이 잠시 머무르는 일정한 장소.

정	ㄹ	ㅈ

10-5 표현력 키우는 다양한 낱말 익히기

낱말 찾아 문장 완성하기 1

● 보 기 ●

| 욱여넣었다 | 다듬었다 | 다다랐다 |

01 세 시간을 걸어 마침내 산 정상에 (   ).
목적한 곳이나 수준에 이르다.

02 어머니를 돕기 위해 콩나물을 (   ).
사용할 수 있도록 필요 없는 부분을 버리고 손질하다.

03 그는 성적표를 재빨리 가방에 (   ).
안으로 함부로 밀어 넣다.

낱말 찾아 문장 완성하기 2

● 보 기 ●

| 물려줬다 | 넘어왔다 | 스며든다 |

01 신발이 낡아 비가 오면 빗물이 (   ).
빛이나 기체, 액체 등이 틈새로 들어오거나 배어들어 퍼지다.

02 반나절을 걸어 산을 (   ).
높은 부분의 위를 지나서 오다.

03 입학한 동생에게 내 옷과 가방을 (   ).
재물이나 지위 또는 기예나 학술 따위를 전하여 주다.

낱말 찾아 문장 완성하기 3

● 보 기 ●

| 어울린다 | 둘러쳤다 | 휘말렸다 |

01 집 안이 보이지 않도록 담을 높이 ( ).
둘레를 돌아가며 보이지 않게 막거나 가리다.

02 갑자기 배가 커다란 소용돌이에 ( ).
물살 따위에 휩쓸리다.

03 민서는 사교성이 좋아 어떤 사람과도 잘 ( ).
여럿이 함께 조화를 이루어 하나가 되다.

 낱말 찾아 문장 완성하기 4

● 보 기 ●

| 머물다 | 거들고 | 아끼는 |

01 나는 집안일도 ( ) 동생도 보살폈다.
남이 하는 일을 함께하면서 돕다.

02 형이 내가 가장 ( ) 장난감을 망가뜨렸다.
사람이나 물건을 보살피고 소중하게 여기다.

03 시골에 오래 ( ) 보니 도시가 그리워진다.
도중에 멈추거나 일시적으로 어떤 곳에 묵다.

10-6 문장 바르게 띄어쓰기

다음 내용을 바르게 띄어 쓰세요.

01 텃밭에수박만한호박이열렸다.

02 그와대화를할수록더화가났다.

03 여러사람앞에서도당당했다.

04 소녀는털썩주저앉아울고있었다.

10-7 헷갈리는 맞춤법 바르게 고치기

다음 문장에서 밑줄 친 부분을 알맞은 맞춤법으로 고치세요.

01 봄비가 메마른 땅을 <u>촉촉히</u> 적신다.

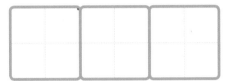

02 우리가 가진 돈은 <u>통털어</u> 오천 원뿐이다.

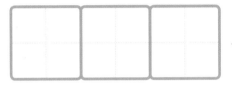

03 주아는 <u>헝겁</u> 안에 솜을 넣어 인형을 완성했다.

04 그는 <u>혼자말</u>로 뭐라고 중얼거렸다.

05 <u>휴계소</u>에서 잠깐 쉬면서 점심을 먹었다.

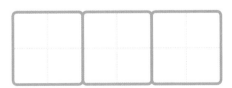

10-8 글쓰기 실력 키우는 관용어 익히기

다음 설명된 뜻을 잘 읽은 후 〈보기〉에서 맞는 표현을 골라 쓰세요.

보 기

혀를   코가   열두 번

01 잘난 체하고 뽐내는 기세가 있다.   ➡   (   ) 높다.

02 매우 빈번하게.   ➡   하루에도 (   ).

03 상대방이 마음에 들지 않거나 언짢을 때   ➡   (   ) 차다.
쓰는 표현.

보 기

미역국을   눈살을   군침이

04 양미간을 찡그려 못마땅한 마음을 드러내다. ➡   (   ) 찌푸리다.

05 어떤 것이 먹고 싶거나 욕심이 생기다.   ➡   (   ) 돌다.

06 시험에서 떨어지거나 퇴짜를 맞다.   ➡   (   ) 먹다.

10-9 바른 글씨로 속담 쓰기

다음 속담을 따라 쓰면서 바른 글씨를 연습합니다. 직선으로 곧게 글씨를 쓰도록 최대한 노력하며 따라 쓴 후 아래 줄에 연습하세요.

01 속담 풀이 아무리 잘 아는 일이라도 주의해서 하라는 말.

돌다리도 두들겨 보고 건너라.

02 속담 풀이 우연히 좋은 기회가 생겨, 원래 하려던 일을 해치운다는 말.

떡 본 김에 제사 지낸다.

03 속담 풀이 일부만 보고도 전체를 미루어 짐작할 수 있다는 뜻.

하나를 보고 열을 안다.

04 속담 풀이 뜻밖에 좋은 물건을 얻거나 행운을 만났다는 뜻.

호박이 넝쿨째로 굴러떨어졌다.

Foreign Copyright:
Joonwon Lee
Address: 3F, 127, Yanghwa-ro, Mapo-gu, Seoul, Republic of Korea
        3rd Floor
Telephone: 82-2-3142-4151, 82-10-4624-6629
E-mail: jwlee@cyber.co.kr

매일 스스로 공부하는
맞춤법 어휘력 2단계

2018. 11. 12. 1판 1쇄 발행
2022. 8. 2. 1판 4쇄 발행

지은이 | 꿈씨앗연구소
펴낸이 | 이종춘
펴낸곳 | BM (주)도서출판 성안당

주소 | 04032 서울시 마포구 양화로 127 첨단빌딩 3층(출판기획 R&D 센터)
      10881 경기도 파주시 문발로 112 파주 출판 문화도시(제작 및 물류)
전화 | 02) 3142-0036
      031) 950-6300
팩스 | 031) 955-0510
등록 | 1973. 2. 1. 제406-2005-000046호
출판사 홈페이지 | **www.cyber.co.kr**
ISBN | 978-89-315-8715-9 (64710)
정가 | **11,000원**

이 책을 만든 사람들
책임 | 최옥현
기획·진행 | 전수경, 정지현
교정·교열 | 박정희
표지·본문 디자인 | 상:想 company
홍보 | 김계향, 이보람, 유미나, 이준영
국제부 | 이선민, 조혜란, 권수경
마케팅 | 구본철, 차정욱, 오영일, 나진호, 강호묵
마케팅 지원 | 장상범, 박지연
제작 | 김유석

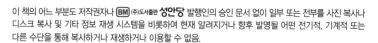

■ 도서 A/S 안내

성안당에서 발행하는 모든 도서는 저자와 출판사, 그리고 독자가 함께 만들어 나갑니다.
좋은 책을 펴내기 위해 많은 노력을 기울이고 있습니다. 혹시라도 내용상의 오류나 오탈자 등이 발견되면 **"좋은 책은 나라의 보배"**로서 우리 모두가 함께 만들어 간다는 마음으로 연락주시기 바랍니다. 수정 보완하여 더 나은 책이 되도록 최선을 다하겠습니다.
성안당은 늘 독자 여러분들의 소중한 의견을 기다리고 있습니다. 좋은 의견을 보내주시는 분께는 성안당 쇼핑몰의 포인트(3,000포인트)를 적립해 드립니다.
잘못 만들어진 책이나 부록 등이 파손된 경우에는 교환해 드립니다.